大名の「お引っ越し」は一大事!?

江戸300藩「改易・転封」の不思議と謎

山本博文・監修
Hirofumi Yamamoto

JIPPI Compact

実業之日本社

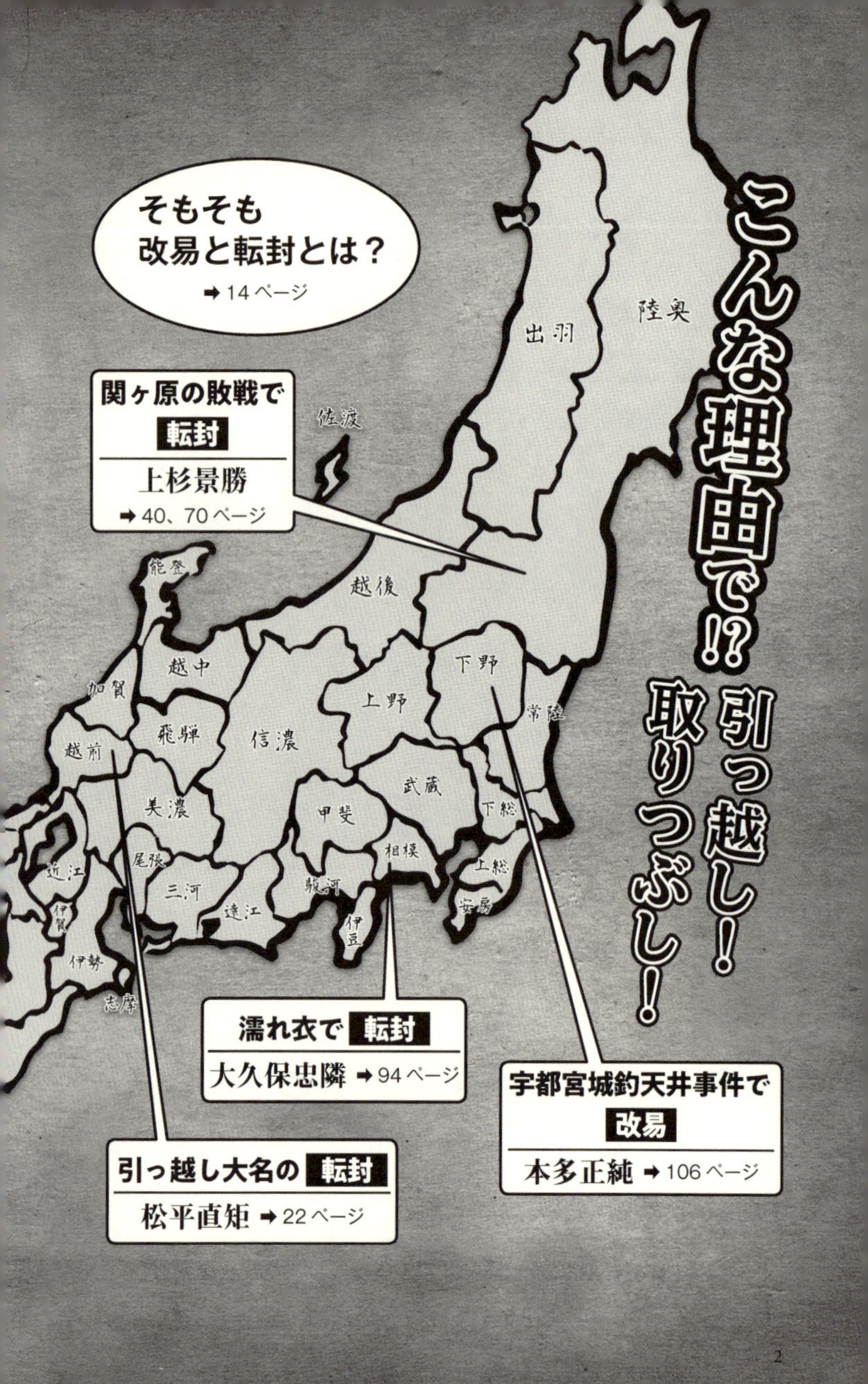
こんな理由で!?
引っ越し!
取りつぶし!
そもそも
改易と転封とは？
➡ 14 ページ
関ヶ原の敗戦で
転封
上杉景勝
➡ 40、70 ページ
濡れ衣で 転封
大久保忠隣 ➡ 94 ページ
宇都宮城釣天井事件で
改易
本多正純 ➡ 106 ページ
引っ越し大名の 転封
松平直矩 ➡ 22 ページ
陸奥
出羽
佐渡
越後
能登
越中
加賀
越前
飛騨
信濃
上野
下野
常陸
美濃
甲斐
武蔵
下総
近江
尾張
相模
上総
三河
遠江
駿河
安房
伊賀
伊豆
伊勢
志摩

改易・転封された数多の大名たち

およそ260年続いた江戸幕府という安定政権の裏では、多くの大名が改易と転封の憂き目にあった。陰謀によるものであったり、自業自得であったり、理由はさまざまである。

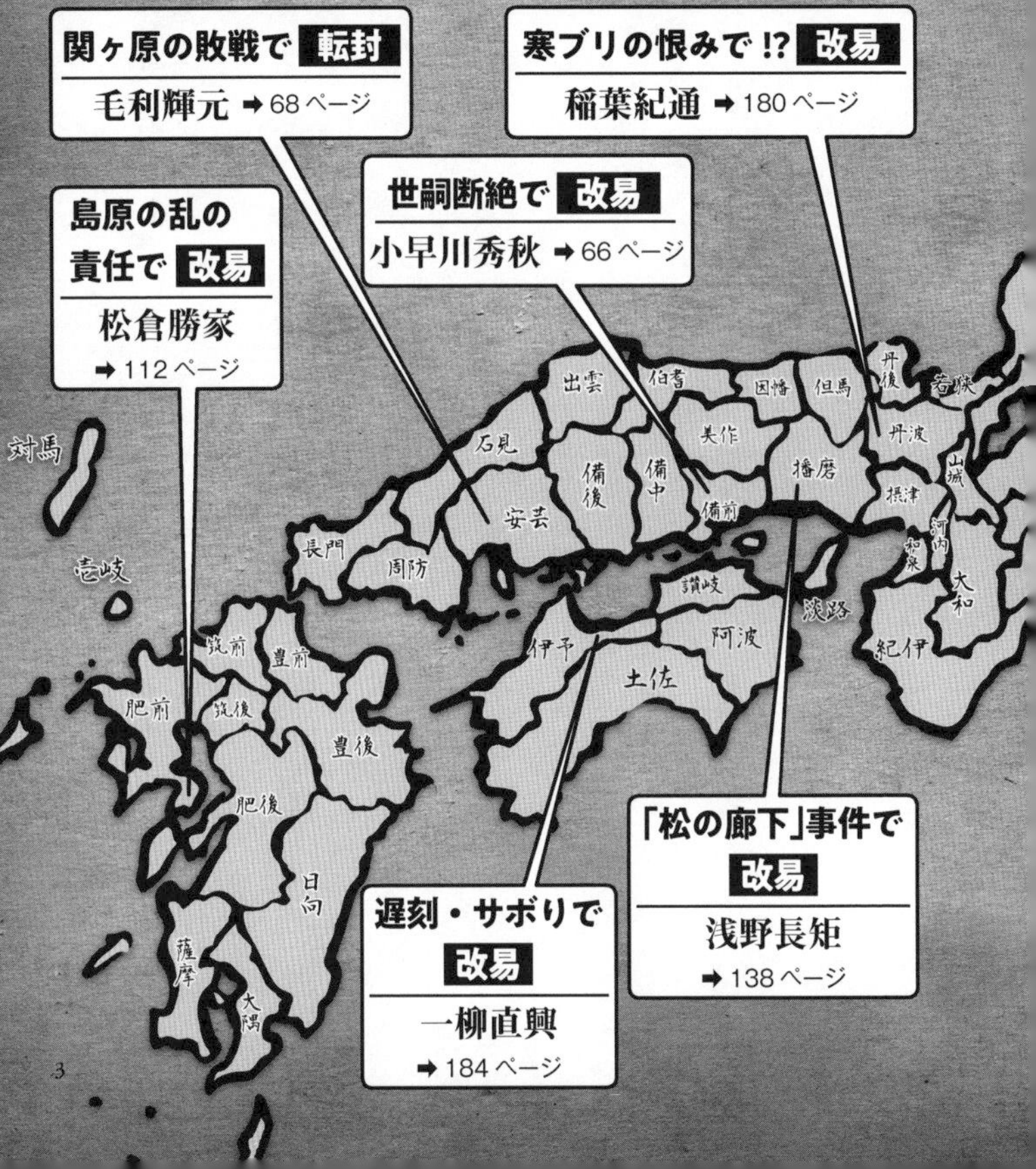

〈はじめに〉

改易と転封は、その事情がおもしろい

江戸時代に改易と転封の憂き目にあった大名の総数は、なんと250人以上にものぼります。罪を犯した大名を取りつぶす（改易）、引っ越させる（転封）ことで領地を減らし、お金も使わせる。転封は、石高が増える場合（加封）もあり、必ずしも懲罰を意味するものではありませんでしたが、江戸幕府の安定政権の裏では、この改易と転封がじつに有効に機能していたのです。

さて、改易や転封をされた大名というと、あなたは誰を思い浮かべるでしょうか。関ケ原の戦いで敗戦した、石田三成や宇喜多秀家、長宗我部盛親、上杉景勝、毛利輝元、大谷吉継といった大名が有名でしょうか。また、「松の廊下」事件で吉良義央を斬りつけて改易された、浅野長矩の印象も強いでしょう。彼らの改易と転封には、敗戦や傷害という、わかりやすい理由があります。

じつは、改易と転封がおもしろいのは、ここからです。誰もが納得せざるを得ない理由で改易や転封となった大名がいる一方で、信じられないような理由で改易や転封となってしまった大名が数多くいるのです。

たとえば、仮病で参勤交代をサボり、鷹狩りにふけっていたらそれがバレて改易された大名がいます。仕事に行きたくない、遊んでいたい――その動機には現代人も共感できるかもしれません。しかし、そんな社会人が上司に怒られるくらいの理由で家を取りつぶされてしまうなんて、まったく驚きです。

ほかにも、密貿易をしていたのがバレて改易となった大名、夫婦喧嘩がエスカレートして改易となってしまった大名、参勤交代に遅刻して改易となった大名、農家の人妻に手を出して転封となった大名……ついやってしまいそうな失敗だったり、とんでもないやらかしだったり、そこにはさまざまな理由があります。

また、「引っ越し大名」こと松平直矩のように、生涯で7回も転封の憂き目にあってしまった不憫な大名もいました。

本書では、改易と転封にまつわる話を、数多く紹介しています。なぜ、改易や転封になってしまったのか。そのあとはどうなったのか。当時の政治を「幕藩体制」と一言でいいますが、改易と転封からみることで、より身近になるのではないでしょうか。

東京大学史料編纂所教授　山本博文《やまもとひろふみ》

〔目次〕

PART1 だれがどう決めていた？ 改易・転封のしくみ

PART2
勢力図の一大書き換えとなった！ 関ケ原の戦いによる改易・転封

PART3 幕府には逆らえない! 江戸期の改易・転封

PART4
意外に多かった！ 幕末～明治の改易・転封

PART5

自業自得すぎる……。残念な改易・転封

カバーデザイン・イラスト／杉本欣右
本文デザイン・DTP／造事務所
文／倉田楽、東滋実、東野由美子

PART1

だれがどう決めていた？
改易・転封のしくみ

改易と転封の概要

「改易」と「転封」とは？ 徳川家の陰謀うごめく大名統制策

徳川家康によって開かれた江戸幕府は、およそ260年続いた安定政権であった。幕府が幕末の黒船来航ごろまで揺らぐことがなかった理由のひとつとしてあげられるのが、江戸時代前半に徹底して行なわれた「改易《かいえき》」と「転封《てんぽう》」である。この改易と転封が、有効な大名統制策として機能していたのだ。

改易とは、もともとは職務交代を意味するものだったが、中世になると武士の身分および所領を没収する懲罰へと変化していった。豊臣政権下・江戸時代においては、武士の身分を剥奪し、家禄・屋敷・領地を没収する意味で定着している。

刑罰としては在宅で謹慎する「蟄居《ちっきょ》」より重く、切腹より軽い。何事も命あってこそというものの、とくに大名にとっては御家廃絶とほぼ変わらない処分であった。

転封とは、国替え、つまり大名の引っ越しのことである。転封によって石高《こくだか》（米の生産量を表わす単位）が増えることもあれば減ることもある。こちらは改易と違い、必ずしも刑罰を意味するわけではない。処分をともなう場合には、石高を減らされて転封されることになる。

徳川家による改易と転封は、関ケ原の戦いの戦後処理にはじまる。敗れた西軍の総大将・毛利輝元《もうりてるもと》や、有力大名の上杉景勝《うえすぎかげかつ》らは転封により大幅に石高を減らされた。このほか、西軍についた多くの大名が改易と転封の憂き目にあい、没収された所領は徳川家康の家臣団や東軍についた大名たちに分配、そして家康の領地（開幕後は幕府の直轄地）となった。

このとき改易となった外様大名は88名にのぼる。転封でけずられた5名の所領を合わせると、没収した石高は632万4194石にもなった。

処分の中心となったのは豊臣恩顧の大名たちだ。徳川家にいつ反旗を翻すかわからない存在だからだ。わかりやすく敵性を帯びた外様大名を徹底的に排除し、遠方へ追いやる。これが徳川家の安定した国づくりの第一歩だったといえよう。

関ケ原の戦いの戦後処理以降は、大坂の陣の豊臣秀頼《とよとみひでより》と、「へうげもの」で知られる古《ふる》田織部《たおりべ》（重然《しげてる》）の改易を除き、戦勝による改易はなくなる。

以後は、1615（元和元）年に制定された、居城以外の支城を認めず破却を命じる「一国一城令《いっこくいちじょうれい》」、同じ年に追って発布された大名統制の基本法である「武家諸法度《ぶけしょはっと》」に則って行なわれた。「あいつは気に入らないから改易しよう」と将軍個人の気分で決定できることではないため、明確なルールが定められたのだ。

◉徳川家康の思惑

とはいえ、すべてがルールに基づくクリーンな改易・転封だったとはいいがたい。たとえば関ケ原の戦いで東軍として戦った豊臣恩顧の大名も複数存在したが、戦後処理の転封で大幅に加増されたうえで、その後、何か適当な理由をつけて改易する例もあった。

家康は戦功に合った恩賞を与えたが、それは本意ではなかった。1度味方になったといっても豊臣恩顧の大名は腹の底が読めないため、無理やりにでも理由をつけて排除したいという思惑があったのである。

ちなみに、江戸幕府による改易・転封の数は、家康から家光までの期間が大半を占め、次いで綱吉が5代将軍だった江戸時代中期ごろが多い。豊臣恩顧の外様大名や、徳川一門の内部の反乱分子が排除されていったことで、江戸時代中期以降になるころには、幕府の権威は確固たるものになっていいのだ。

改易と転封

改易 …… 身分を剥奪されて、領地を没収される。

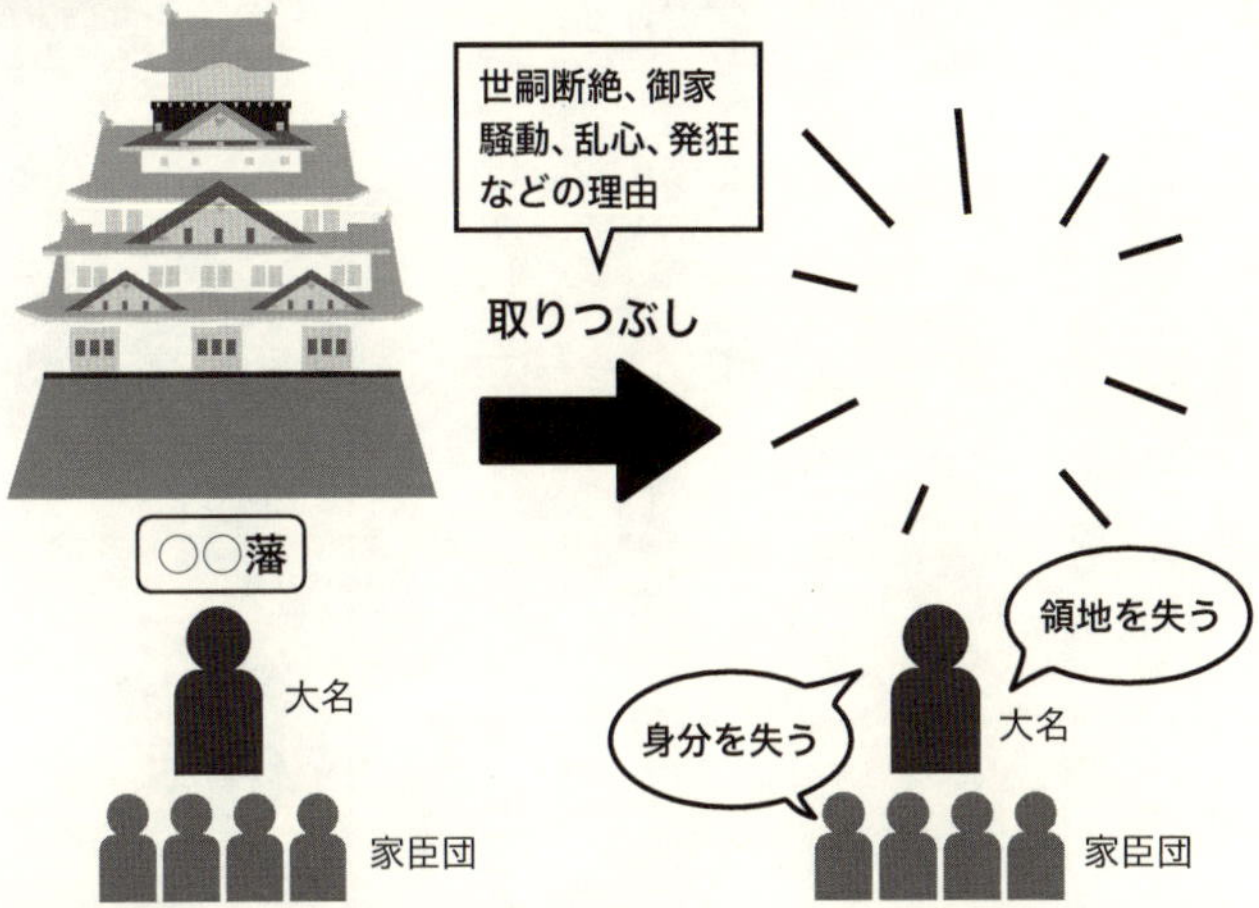

転封 …… ほかの領地に移される。

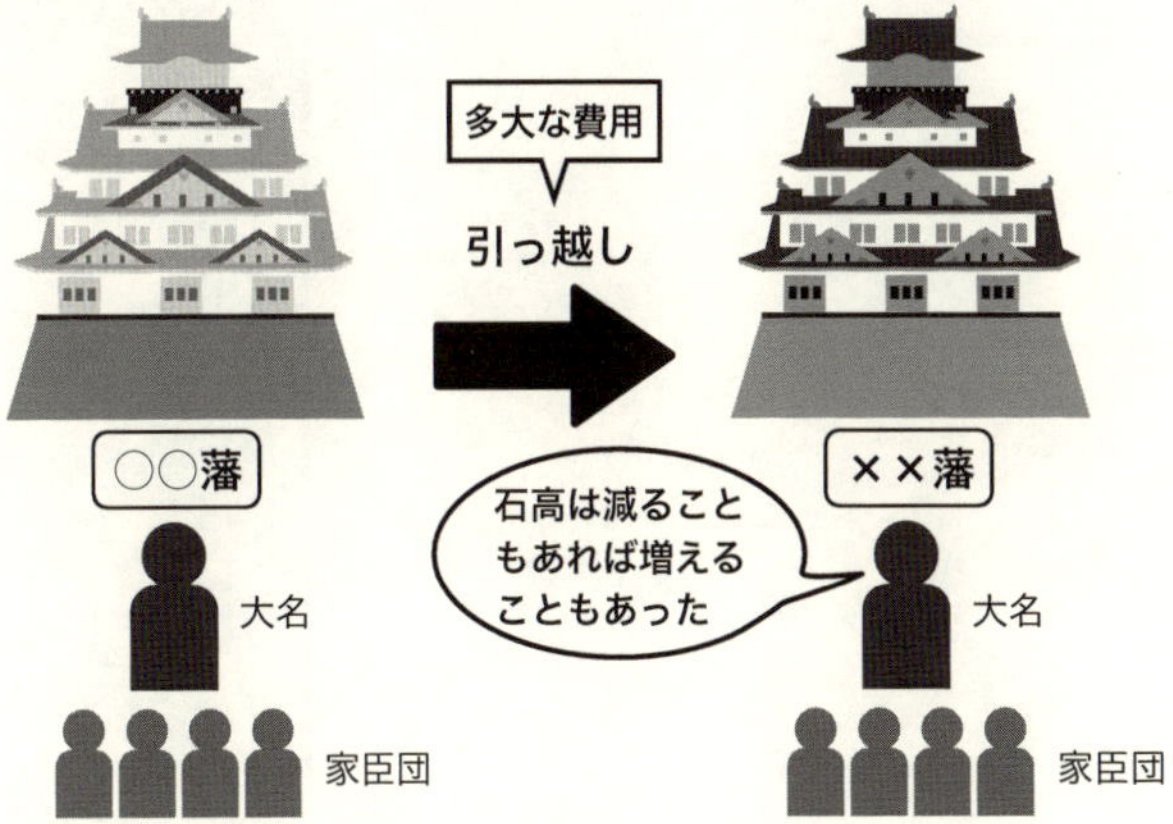

改易と転封は有効な大名統制策となり、徳川家の安定政権につながった。

転封の用語の違い

「減封」「加封」…違いは何？「転封」に関連する用語

転封はほかに、「移封《いほう》」、「所替《ところが》え」とも呼ばれた。いずれも配置替えの意味だが、いくつかの種類がある。

石高を減らされる「減封《げんぽう》」や、転封によって石高を減らされる「減転封《げんてんぽう》」の場合、懲罰としての意味合いが強い。

減封と似たような用語に「除封《じょほう》」がある。これは大名の所領とその支配権がおよぶ領地の召し上げを意味する。つまり改易と同義だ。

また、転封は石高を減らされるばかりではない。新たにあてがわれた領地が、今までの所領よりも大きくなることもあった。

たとえば、関ケ原の戦いで東軍についた多数の大名たちは転封となり、戦功のあった者は以前よりも石高が多い領地を与えられた。改易した西軍大名の所領が東軍側の大名に分配されたのである。

このように、懲罰ではなく石高の加増や新たに与えられた領地、恩賞としての転封を「加封《かほう》」という。

なお、減封・加封にかかわらず、引っ越すさい、大名は家臣団をともなって新しい領地へ移動するが、もとの領地にいた百姓は移動しない。百姓と相性の悪い大名にとっては、転封によってその関係がリセットできるので、それなりにメリットもあった。

戦国時代の武士というと、半分農民で半分武士、というような地侍が多く存在した。百姓たちも武器を持って戦うことで戦力となったが、それは同時にいつでも一揆を起こされる危険性を内包していた。豊臣政権下では刀狩りによって百姓の武力を奪い、兵農分離を行なってきたが、武士とそのほかの階級を明確に区別させたのは江戸幕府だ。その推進に一役買ったのが転封であった。

そのほか、転封された大名が新たな領地に入ることを「入封《にゅうほう》」といい、大名が所領の一部を子や兄弟などの別のだれかに分け与えることを「分封《ぶんぽう》」という。

改易と転封の理由

御家騒動から、発狂、陰謀、跡継ぎ不在まで改易と転封のさまざまな理由

改易・転封となる理由は、おもに3つある。軍事的理由、法律的理由、族姓的理由だ。

軍事的理由とは、戦後処理によるもので、関ケ原の戦いや大坂夏の陣などだ。

法律的理由は、「武家諸法度《ぶけしょはっと》」など、江戸幕府が規定した法律に違反したことによる。これに違反すると罪は重い。多くの大名が改易となった。たとえば、だれもが知る「江戸城松の廊下刃傷《にんじょう》事件」もそのひとつ。浅野長矩《あさのながのり》は江戸城の中で刃傷沙汰を起こした罪で切腹を命じられ、改易となった（138ページ）。

そのほかの法律違反には、「御家騒動《おいえそうどう》」「乱心」「発狂」を起因とするものもある。御家騒動は大名家だけでなく、藩内の武士も含まれる。大名の家督相続争いよりも、家臣どうしの権力争いや派閥争いが騒動に発展することも多かったといわれ、大名は監督不行き届きで改易・転封となった。藩を統治する能力がないと幕府に見なされたためだ。

乱心や発狂も、統治能力の欠如に当てはまる。この例は意外と多く、なんと改易に多い理由の第2位だ。とはいえ、実際には公表できない陰謀のカムフラージュとなった例もあっただろう。岡崎城主・水野忠辰《みずのただとき》が、その藩政をよく思わない家臣によって無理やり発狂したことにされ、新たに養子を迎えさせられて藩主を下ろされたという例もあったことを考えれば、ないことではない。

そして、もっとも多かったのが族姓的な理由である。世嗣断絶《せしだんぜつ》、つまり藩主の跡継ぎがいないことだ。家督相続は跡継ぎを決めておく必要があり、跡継ぎがいなければ徳川一門であっても容赦なく断絶された。当主が危篤に陥ってから幕府に養子の迎え入れを願い出る「末期養子《まつごようし》」は厳禁とされ、多くの家が断絶している。そうならないよう、大名たちは御家断絶を恐れ、子づくりに励んだという。

無嗣断絶で改易となれば、路頭に迷うのは大名家だけではない。その家臣たちも勤め先の会社が倒産したようなものであり、いわゆる浪人となった。江戸時代初期の一揆「島原の乱」や、浪人らが幕府の転覆を図った「由井正雪《ゆいしょうせつ》の乱」など、浪人の増加は幕府にとっても懸案事項となり、末期養子の条件は徐々に緩和されていった。

数多の引っ越し

生涯で7度の転封！「引っ越し大名」松平直矩の苦労

「転封＝引っ越し」といっても、決定したらすぐホイホイできるものではない。藩主一家だけでなく、すべての藩士とその家族が総出で動かなければならないからだ。当然ながら、1度の転封にかかる莫大な費用は参勤交代の比ではない。

幕府が費用を負担してくれる、という都合のいいことはもちろんない。転封で石高が増えるならまだ救いもあるが、減らされる場合は、ただただ大変な思いをするだけだ。

そんな1度でもきつい転封を、生涯に7度も命じられた大名がいた。あまりの回数の多さに「引っ越し大名」というあだ名をつけられた、松平直矩《まつだいらなおのり》である。直矩をモチーフとした土橋章宏《どばしあきひろ》氏の小説『引っ越し大名三千里』および、それを原作とする映画『引っ越し大名！』（2019年公開）でより広く認知された。その引っ越し遍歴を順を追って紹介しよう。

直矩は、1642（寛永19）年に大野藩（現在の福井県）の藩主・松平直基《なおもと》の長男として生まれた。直矩が経験した最初の転封は、生まれてから2年後、大野藩から山形藩（現在の山形県）への国替えだった。

その4年後の1648（慶安元）年、今度は姫路藩（現在の兵庫県）への国替えを命じられた。しかも、引っ越しの途上で直基が死去してしまう。このとき、直矩はまだ6歳に少し届かない年齢だったが、父の跡を継ぎ、姫路藩主となった。

短いスパンでのたび重なる国替えと父の死で、息をつく暇もない直矩であったが、幕府は、なんと1年後に村上藩（現在の新潟県）への国替えを直矩に命じたのである。

幼い藩主のもとでは、西国《さいごく》の要である姫路藩を治めるのはむずかしいと判断されたといわれるが、あまりにも無慈悲な仕打ちである。実質、姫路への引っ越しは無駄に終わったのだ。

1649（慶安2）年、村上藩に入封した直矩は、3度目の引っ越しでようやく腰を据え、思春期を過ごす。といっても、次の国替えまでの期間が今までより少し長いだけで、成人した直矩は1667（寛文7）年にふたたび姫路藩に戻ることになった。

今度は親戚の御家騒動に連座したことによる転封だ。高田藩（現在の新潟県）で起こった、いわゆる「越後騒動」である（102ページ）。当時の高田藩主・松平光長《みつなが》は長矩にとっては従兄弟にあたる。

直矩は嫡家の騒動の対応にあたっていたのだが、不手際によって閉門（昼夜窓と門を閉ざして出入りを禁止される刑罰）となり、1682（天和2）年、さらに姫路15万石の半分以下の日田《ひた》藩（現在の大分県）7万石に減封されてしまう。

1686（貞享《じょうきょう》3）年には、最初に国替えした山形藩へふたたび転封。石高は3万石を加増されて10万石となる。その4年後の1692（元禄5）年、今度は5万石を加増されて白河藩（現在の福島県）15万石の大名に返り咲いた。これが直矩の生涯における最後の引っ越しで、3年後の1695（元禄8）年に死去。54年の生涯は、最初から最後まで引っ越しに振り回された人生であった。

生涯に7度も引っ越したため、直矩の治める藩の財政はつねにガタガタで、借金苦に悩まされた。幕府に直接文句はいえないとしても、借金が増えていくたびに「いいかげん、勘弁してくれ！」と頭を抱えたに違いない。

◉歴代合計でなんと12度も

7度も引っ越しただけでもとんでもないが、じつは松平大和守家（直基を祖とする越前松平家の分家）の歴代当主の引っ越しを含めると12度にもなる。

最初の引っ越しは直矩が生まれる前だった。父・直基は当初、勝山藩（現在の福井県）3万石の藩主であったが、のちに2万石を加増され、大野藩へと国替えになる。

そして、直矩の没後は白河藩に留まることはなく、5代藩主・朝矩《とものり》の時代にふたたび姫路藩へ。その後、前橋藩（現在の群馬県）に引っ越したものの、洪水被害で前橋城が廃城となると前橋藩が川越藩（現在の埼玉県）に吸収される。結局、朝矩は1767（明和4）年に川越藩主となる。

最後の引っ越し先となったのは、城が再築された前橋藩で、幕末の1867（慶応3）年のことであった。直前の引っ越しから100年が過ぎており、この間は松平大和守家の歴史のなかで、もっとも平穏な時代だったのではないだろうか。

ところで、これだけさんざんな目にあった直矩は、じつは家康の血を引いている。幕府は、血縁だろうと容赦がないということだ。直矩は家康の曾孫にあたり、祖父・結城秀康《ゆうきひでやす》は家康の次男で2代将軍・秀忠の兄だ。

秀康の母は側室ともいえないお手つき程度の存在で、後から生まれた秀忠の母のほうが身分は高かった。直矩は、もう少し条件が違えば、徳川宗家の生まれだったかもしれないのだが、引っ越しにしろ立場にしろ、不運なものである。

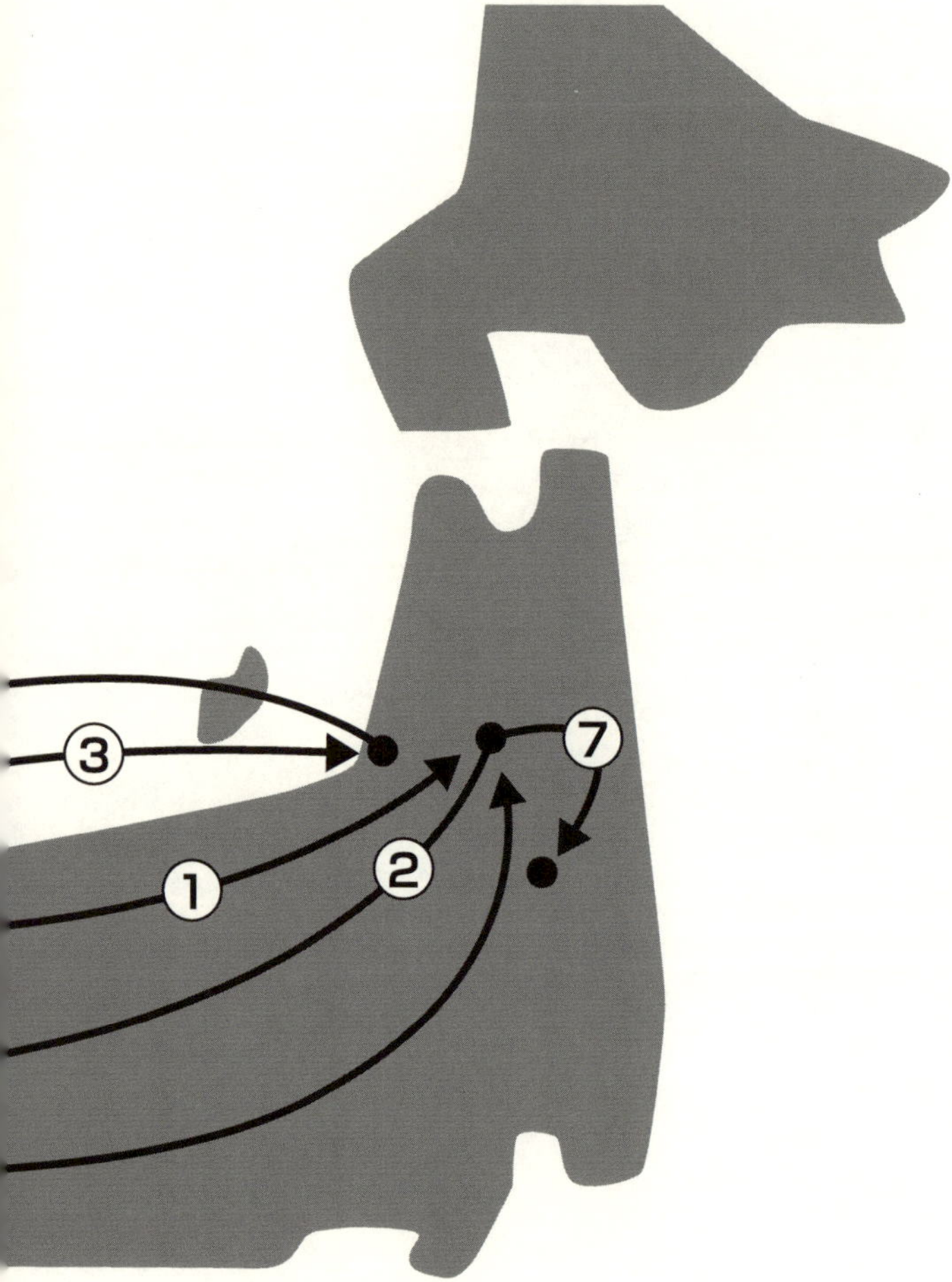
③
⑦
①
②

松平直矩の引っ越し遍歴

1642（寛永19）年　松平直矩、生誕

1度目……1644（正保元）年
大野藩 ▼ 山形藩

2度目……1648（慶安元）年
山形藩 ▼ 姫路藩

国替え中に父が死去。7歳で藩主を継ぐ。

3度目……1649（慶安2）年
姫路藩 ▼ 村上藩

4度目……1667（寛文7）年
村上藩 ▼ 姫路藩

5度目……1682（天和2）年
姫路藩 ▼ 日田藩

6度目……1686（貞享3）年
日田藩 ▼ 山形藩

7度目……1692（元禄5）年
山形藩 ▼ 白河藩

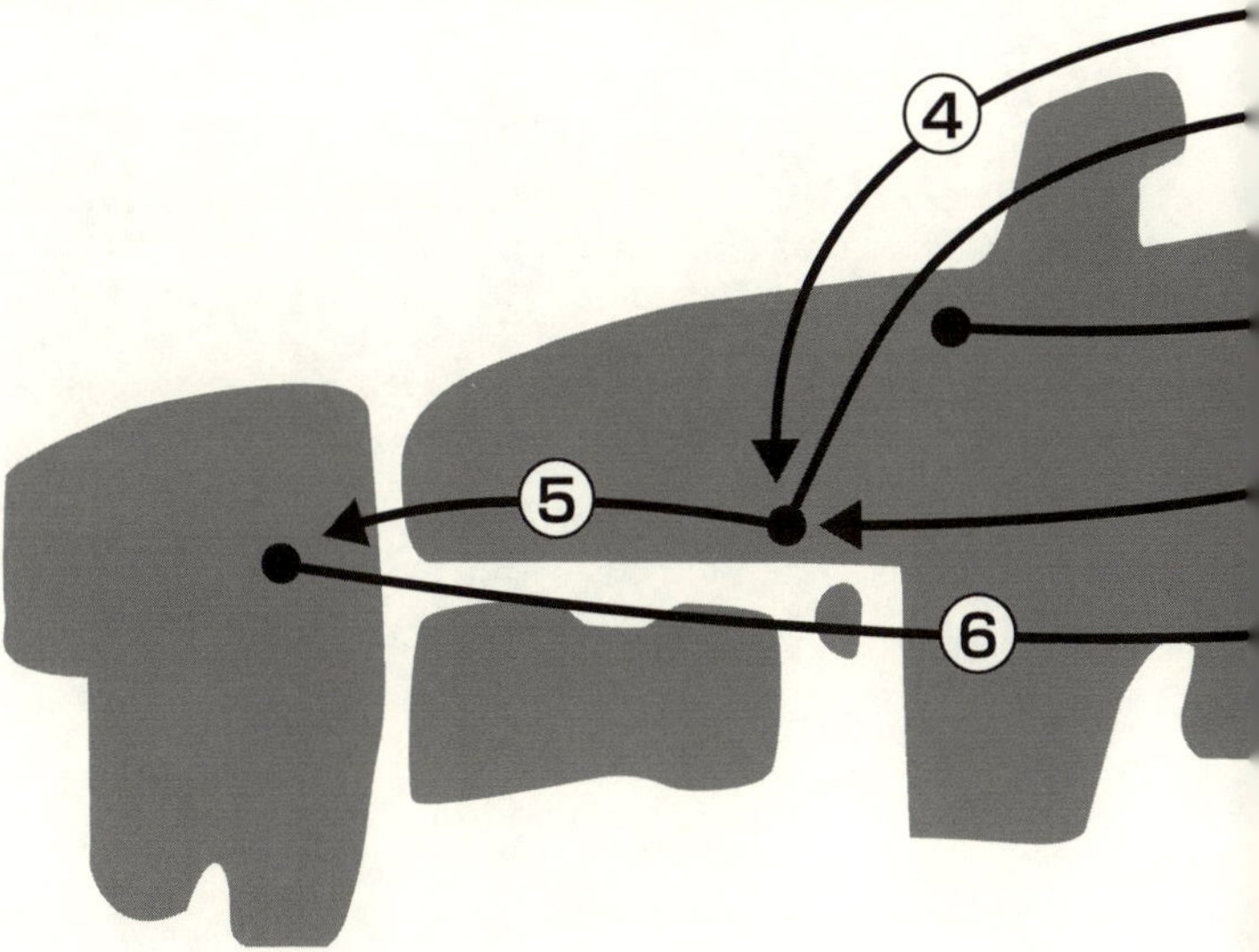

転封にかかる費用

引っ越し費用は大名が全額負担！おかげで財政が逼迫する藩続出

「引っ越し大名」は特異な例としても、転封を命じられて引っ越すというのは大名にとってきついものだった。城の受け渡しなどの引っ越しにかかる労力はもとより、多大な費用はすべて大名が負担したからだ。

江戸時代の大名を苦しめた代表的な政策が参勤交代である。そこで、加賀百万石といわれた加賀藩を例にとると、1度の参勤交代で4000人が移動し、総額5000両はかかったという。1両を8万円で計算すると、およそ4億円である。

では、引っ越しにいくらかかったのだろうか。磐城平藩《いわきたいら》（現在の福島県）から延岡藩《のべおか》（現在の宮崎県）へ転封となった内藤政樹《ないとうまさき》の例（42ページ）をみると、転封当時の書状によれば試算で2万両程度になる、とある。およそ16億円だ。参勤交代の比ではない。もちろん費用を工面できず、領民に1万7000両も借金している。

藩士たちも引っ越しのさいに藩から費用を支給されたが、屋敷を引き払い家族を連れて引っ越すとなると足りないことも多かったらしい。藩士は借金をして無理にでも引っ越すか、工面できなければ暇乞《いとまご》いをするしかない場合もあった。

ところで、大名の収入源といえば年貢米である。この年貢米をわずかでも転封費用の足しにすればうまくいく、と思うだろう。ただ、現実はそうはいかない。備蓄米は移封先に持ち出せるが、引っ越す年の米を収穫してはならない。引っ越す年の米は、次の大名のために残して去るのが引っ越しの作法だったのだ。

その作法を無視して米を収穫したせいで大事になりかけたのが、黒田官兵衛《くろだかんべえ》の嫡男・長政《ながまさ》である。中津藩（現在の大分県）から福岡藩（現在の福岡県）に転封となった長政は、年貢を回収して福岡藩へ移った。代わって中津に入った細川忠興《ほそかわただおき》は、再三の返還要求に答えない長政に激怒。戦にまでなりかけたが、家康らのとりなしで事なきを得た。転封費用の足しにしようなどと考えて年貢を奪えば、大名どうしの争いになりかねないのである。

そういうわけで、引っ越しの出費が藩の財政を脅かすとわかっていても、大名は借金をするしかなかった。参勤交代だけでなく転封による引っ越しもまた、大名に散財させて力を奪う幕府の策のひとつだったのだ。そして、これだけ武士が貧乏だったからこそ「武士は食わねど高楊枝」などという、やせ我慢の言葉が生まれたのもよくわかる。

改易・転封の通達

なぜ素直に改易と転封を受け入れた？反乱を防ぐための幕府の策略とは

いずれの大名も、改易や転封は避けたかった。改易となれば最悪は大名の身分すら失ってしまうし、そもそも減封も困る。ちなみに、加封であっても、引っ越し費用は大きな負担となった。

にもかかわらず、改易・転封を命じられた大名たちが、だれひとりとして幕府に反乱を起こさなかったのは不思議である。

そもそも、幕府が大名を改易で断絶させたり、転封で振り回したりすることは、大名に散財させて武力をつけさせないようにするという狙いがあった。これは参勤交代と合わせて効果てきめんで、大名たちは反乱を起こす力を失ったともいえる。

しかし、幕府はそれでも大名の反乱を警戒した。そこで、大名が参勤交代で江戸にやってくるタイミングで改易と転封の通達をしたのである。大名が在藩中に書状などで通達すれば、そのまま軍をまとめて、反乱を起こすかもしれなかったからだ。

幕府の石橋を叩いて渡るような慎重さ——そこまでしなくてもと思うかもしれないが、挙兵とまではいわなくても、それに近いことは実際にあった。

加藤清正《かとうきよまさ》の息子・忠広《ただひろ》が熊本藩を改易となったさい（110ページ）の熊本城の引き渡しでは、改易を知らされた家臣たちは城の引き渡しを拒んで籠城する構えであったという。改易が知らされたとき、藩主の忠広は江戸にいた。江戸に参勤する途中、品川宿に留められ、蟄居《ちっきょ》を命じられたうえで改易が知らされた。

時の3代将軍・家光は、通達後すぐに城を受け取る上使《じょうし》（使者）を熊本に派遣するとともに、熊本周辺の諸藩には「上使の指示しだいで出陣するように」と命じている。幕府は有事に備えてぬかりなかった。

実際に熊本では、城を上使に引き渡すように指示した忠広による自筆の書状が届くまで、籠城しようとする家臣もいた。いかに幕府の命令であっても主君である藩主の命令が優先。藩主の命令でなければここを動かない、というスタンスだったわけである。

同様の例はほかにも見られたので、幕府が警戒したのも仕方ない。大名を所領から引き離してから通達することで抵抗を防げるし、状況的に受け入れるほかない。何より参勤交代で多くの人員を江戸に留めておけば、国許《くにもと》の戦力を大幅に削ぐことができたのだ。

改易後の大名の末路

改易された大名はその後どうなった？ 死罪、蟄居……でもはい上がる道もあった

大名が改易の憂《う》き目にあえば、所領や居城、大名の身分まで失ってしまうが、その末路も気になるところだ。改易後の大名の処置については、いくつかの道がある。

まずは死罪だ。たとえば赤穂《あこう》藩（現在の兵庫県）の藩主・浅野長矩がそれにあたるが、即日切腹なので、このケースはむしろ死罪の後に藩が取りつぶされたといえるかもしれない（138ページ）。

切腹より重い死罪もある。島原藩（現在の長崎県）の藩主・松倉勝家《まつくらかついえ》は「島原の乱」を引き起こした責任を取らされて改易。本人は斬首刑に処されている（112ページ）。

そのほか、徳川家光の弟・忠長《ただなが》は改易後に一時蟄居。その後、高崎（現在の群馬県）に配流され、その地で幕府の命により自刃した（98ページ）。

一方、配流となっても、のちに赦免《しゃめん》される場合もある。改易後に一族が大名になる、ま

たは旗本になるという例もあった。

「越後騒動」という御家騒動で改易となった松平光長《まつだいらみつなが》は晩年になって赦《ゆる》され、所領を半分以下に減封されたものの大名の座に返り咲いた。

また旗本となった例では、老中・本多正純《ほんだまさずみ》の子孫の例がある。久保田藩（現在の秋田県）の藩主・佐竹義宣《さたけよしのぶ》に身柄が預けられ、わずか1000石の知行が与えられている。孫の正之の時代に赦免され、3000石の旗本となった（106ページ）。

広島藩49万石を誇った福島正則も、4万5000石に減転封となった末に死後、改易となったが、子の正利《まさとし》の代に3000石の旗本の身分に回復した（74ページ）。しかし49万石からの転落を思うと、哀れである。

改易後に本人または一族が減封になる、旗本になるなど道はあったものの、復活は極めて難しいことであった。たとえば、加藤忠広《かとうただひろ》は改易となったあと、庄内藩（現在の山形県）の酒井忠勝《さかいただかつ》の預かりのもと、1代限りの1万石を与えられて22年もの余生を過ごしている（110ページ）。

このように理由をつけては改易処分とされ、死罪にならないまでも2度とはい上がれないほど落ちぶれるようなこともあった。

改易された藩の武士のその後

改易で浪人となった武士たちは、その後どうやって生活費を稼いでいた？

改易によって藩が取りつぶされて路頭に迷ったのは、何も藩主だけではない。藩主に仕える武士たちがそうだ。彼らは主家から家禄《かろく》（給料）として知行や切米《きりまい》、扶持米《ふちまい》などをもらって生活していたが、藩が取りつぶされれば当然もらえなくなる。

主家を失った武士を「浪人《ろうにん》」といい、武士の身分ではあるものの、戸籍上は町人と同じであったという。戦国時代から浪人は存在したが、関ケ原の戦いの戦後処理による改易により、江戸時代初期になると一気に増加した。

浪人は武士の身分を剥奪されたわけではないので、別の藩に再仕官することも可能だが、改易が相次いだ江戸時代初期や、5代将軍・綱吉の時代などは浪人であふれかえり、武士として再就職するのはかなり困難であった。

幕府としても、全国に浪人があふれることを問題視し、公共事業の労働者として行き場のない浪人たちを多く雇用した。江戸時代初期には新田開発が盛んになり、このとき多くの浪人が農民へと転職し、食べていくために働いた。

望まれて商家に婿入りする者もあれば、学芸を活かして寺子屋で教えたり、剣術の道場を開く者もいた。また才能があり運がよければ、浪人でありながら新井白石《あらいはくせき》のように幕府に召し抱えられ、権力者にのし上がることもなくはない。

時代劇の定番は、傘張りなどの内職をして日銭を稼ぐ浪人だろう。学問や武芸など、秀でた才能がなければ、こういう仕事で地道に稼ぐしかなかった。傘は高くて新品は値が張ったので、油紙張り替えの仕事は需要があったらしい。楊枝削りや花札の絵描きなど、内職もさまざまだ。

しかし、違う職への転身を受け入れられない浪人も多かった。戦国時代末期から江戸時代初期ごろには、新たな戦場を求めて、タイなど東南アジアへ流れていく浪人が多数いたらしい。だが、それも2代将軍・秀忠の時代になると禁止される。

そのために血気盛んな浪人が国内で増加することになり、結果として不満を爆発させた浪人たちは「島原の乱」に参加したり、「由井正雪の変」のように幕府の転覆を狙ったりした。生活のためだからと、おとなしくそれまでと違う道を選ぶ浪人ばかりではなかったため、浪人が増えすぎることは幕府の悩みでもあったようだ。

領民の転封時の事情

領民だって嫌なものは嫌！転封を受け入れられない例もあった

幕府から転封の通達があれば、大名は嫌でも受け入れて引っ越すしかない。それでは、領民はどうだったのだろうか。転封となれば大名は藩士を連れて新たな領地に入封するが、武士以外の領民は連れていくことはできない。領民たちは土地に根差しているのだ。

藩主が替わると知った領民たちは、どう思っただろうか。今までの藩主が悪政を敷く暴君であれば次の藩主に期待したかもしれないが、次の藩主が善政を敷くとも限らない。藩主が変わるとなれば領民も従うしかなく、嫌々受け入れることもあっただろう。転封の引っ越し費用を負担させられることもあったので、そういう意味でも嫌だったかもしれない。

実際、藩主が替わることを拒み、転封を阻止すべく領民が行動を起こした「天保義民事件《てんぽうぎみんじけん》」の例がある。1840（天保11）年、幕府は庄内藩（現在の山形県）の藩主・酒井忠器《さかいただかた》を長岡藩（現在の新潟県）へ、長岡藩主・牧野忠雅《まきのただまさ》を川越藩（現在の埼玉県）へ、川越藩主の松平斉典《まつだいらなりつね》を庄内藩へ転封するよう命じた。

忠器にとって庄内の地は、先祖代々200年も守ってきた土地なので転封は受け入れがたいことだった。とはいえ、この知らせに大きく反対して動いたのは、なんと庄内の領民たちであった。百姓一揆を起こし、領民の代表者たちは、「酒井家に何の落ち度もないのに、石高半分以下の長岡に国替えとなるのはおかしい」と幕府に訴えた。

反対運動の規模が大きくなるのに加え、急な転封の真相も明らかになった。斉典は11代将軍・家斉《いえなり》の子を養子にしていたことから大奥の生母・おいとの方らに頼み込み、賄賂をばらまくなどして、豊かな庄内へ転封するよう工作していたのだった。

これが公になったことで諸大名の反発も招き、一揆を起こした庄内の領民たちはお咎《とが》めなし。転封も中止となった。幕府の命令が領民の意志で覆るという異例の出来事である。

ちなみに、転封を画策した斉典は、「引っ越し大名」こと松平直矩の子孫である。藩政改革や藩士の教育に熱心な藩主だったが、先祖の代からのたび重なる転封で借金は24万両ほどにまでふくらんでいたらしい。幕府も不憫《ふびん》に思ったのか、川越を2万石加増することで落ち着いた。

酒井家は長く庄内にあり、忠器は領民たちに慕われていた。こうして転封が取りやめになるのは特例ではあるが、藩主の交代を良しとしない領民はほかにもいただろう。

転封されなかった藩の理由

1度も転封されない藩もあった！大藩でも国替えがなかったのはなぜ？

江戸幕府が開かれて以降、とにかく多くの大名が転封の憂き目にあっている。中には十数度も国替えするような家がある一方で、1度もなかった家もある。

戦後処理の転封以前から国替えがない例というと、わかりやすいところで加賀藩（現在の石川県）や薩摩藩（現在の鹿児島県）など、外様大名が多い。

加賀藩は「加賀百万石」といわれるように全国一の石高を誇り、薩摩藩はそれに次ぐ77万石である。しかも当主は、家康も警戒していた前田家と島津家である。勢力を削ぐために転封されてもおかしくないのに、なぜ転封されなかったのか。

さまざまな要因があるが、ひとつは藩が大きければ大きいほど統治するだけの器が求められた、ということがあげられる。

松平直矩のように、幼い藩主では姫路藩は不釣り合いであるとして転封された例もある。

徳川家と渡り合えるくらいの力をもった一門である。転封したところで、そこにほかのだれを配置するのか。なかなか見合う大名はいない。それに加賀藩は幕府に見張られており、折をみて散財することで警戒心をやわらげることを怠らなかった。そもそも加賀藩ともなると、参勤交代だけで多額の費用がかかっている。

薩摩藩は江戸からもっとも遠く、参勤交代だけで加賀藩の何倍もの費用がかかったという。それだけで勢力を削ぐには十分であったし、額面上の石高は多くとも土壌には火山の噴出物が多くふくまれ米ができにくく、財政は苦しかった。それなら薩摩に根を張った島津家を引きはがして不満をもたれるより、現状維持がよいと判断されたのであろう。

また、関ケ原の戦いの戦後処理で転封されて以降、1度も転封がない、という家はもっとある。関ケ原の戦いでは西軍についた毛利家や、上杉家もそうだ。外様だから必ずしも転封で苦しめられるということはなかった。そもそも転封とは、むやみやたらに幕府の匙《さじ》加減で決められるではなく、理由が必要なのだ。

実際には親藩・譜代大名が、役職に就く場合に格を上げるなどの理由で転封されることが多かった。親藩では徳川一門でもその例にもれず、譜代で国替えがなかったのは「井伊の赤鬼」こと井伊直政《いいなおまさ》や、幕末の大老・井伊直弼《いいなおすけ》で知られる彦根藩（現在の滋賀県）の井伊家くらいであろう。

減封による石高差

転封でもっとも石高が減ったのは、関ケ原の戦いのきっかけつくった上杉景勝

戦国時代の名門・上杉家当主の上杉景勝は、豊臣政権下では五大老のひとりであった。だが、関ケ原の戦いの戦後処理によって転封され（70ページ）、石高は大幅にカットされてしまう。

五大老の一角を担い会津（現在の福島県）120万石を領する大大名であったのに、会津より少し北の米沢藩（現在の山形県）30万石に減封されたのだ。減らされた石高は90万石であり、突然、給与を4分の1にカットされたようなものである。

幸いにも、会津の鶴ケ城から米沢城までは直線距離にして50キロメートルほどで、数日程度あれば徒歩でも移動できる距離であった。

しかし、120万石の大大名であった景勝は、そのぶん抱えていた家臣も多かった。石高は4分の1になったというのに、家臣団のリストラは行なわず米沢へ全員連れて行った

90万石の減封

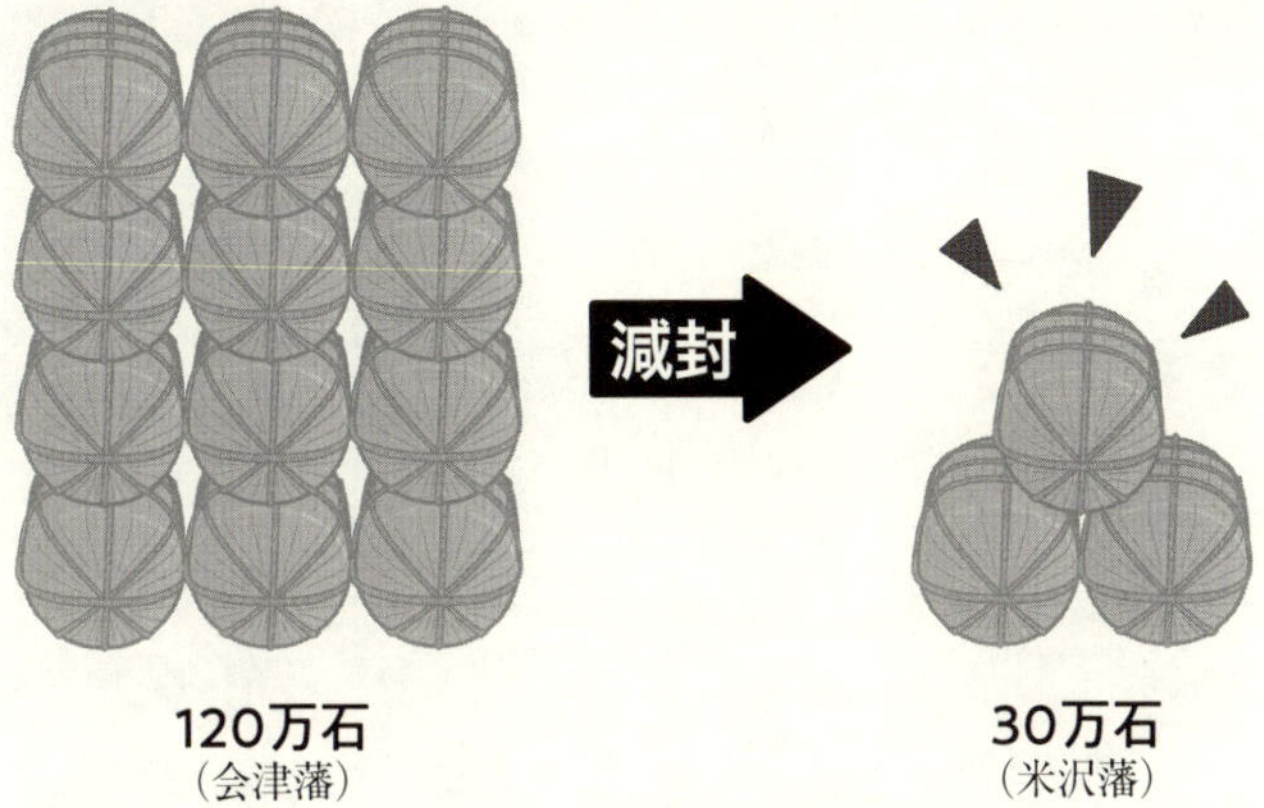

上杉景勝は減封により、石高を4分の1にまで減らされてしまった。

ため、移動の労力や費用はともかく、大人数の藩士を住まわせるのは大変であった。

ただ、表高《おもてだか》（額面上の石高）が藩の力をそのまま表わしているとはいえない。

たとえば、景勝と同様に戦後処理で毛利輝《もうりてる》元《もと》（68ページ）は、中国地方112万石から36万9000石まで石高を減らされたが、実情は異なる。

そもそも広島112万石は実際には200万石以上あったといわれ、長州藩へ転封となったさいの表高は29万8000石であった。そこで検地を実施したところ、53万9000石だったものの、これを報告すると敗者の石高としては多すぎるということで、表高は36万9000石とされたのである。

米沢藩も実情は51万石以上あったようだ。

転封の最長距離

もっとも遠くへの転封は、磐城平藩から延岡藩への移動。その距離は？

江戸時代に行なわれた260余りの転封で、もっとも遠くへの転封を命じられたのは、28ページでも紹介した磐城平藩主・内藤政樹である。

磐城平藩（現在の福島県）から延岡藩（現在の宮崎県）への転封は、1度の転封における移動距離の最長記録だ。磐城平は東北南部であるとはいえ、九州の延岡への移動は、直線距離にして、なんと約1200キロメートルにもなる。

転封されたのは、1747（延享《えんきょう》4）年のこと。磐城平藩はそれ以前から財政難に直面しており、領民には重税が課せられていた。さらに天災が相次いだこともあり、領民の不満が爆発。「磐城平元文一揆《いわきだいらげんぶんいっき》」と呼ばれる、2万人超が参加した大規模な百姓一揆が起こったのだ。政樹は武力をもって制圧して8人を処刑したが、これが原因で幕府に転封を命じられたのであった。

最長距離の転封

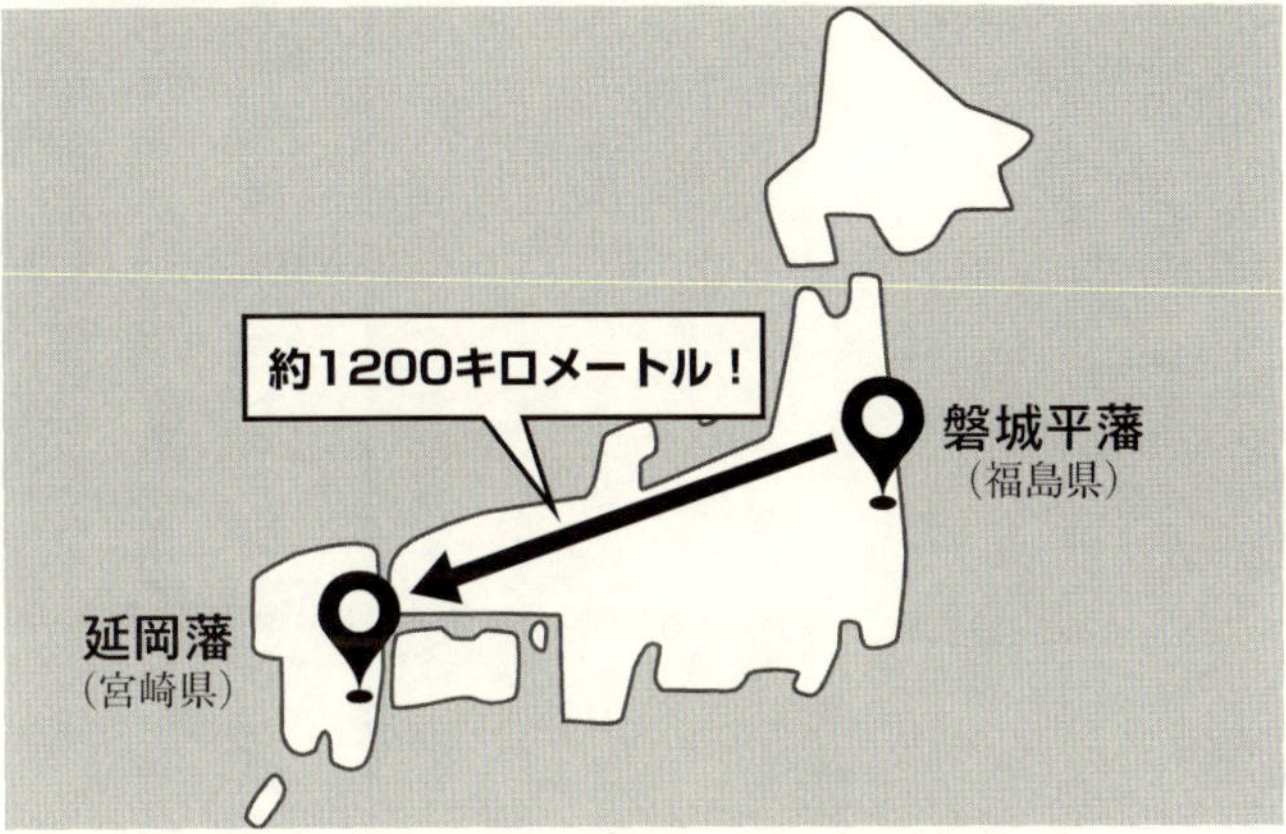

東北から九州への1度の引っ越しで、2万両もの費用がかかってしまった。

石高はどちらも7万石であり減封ではなかったものの、これほどの距離を移動して引っ越すとなると大変であった。

転封にかかった費用が2万両にもなり、多額の借金を抱えたというのもうなずける。藩士とその家族たちの移動時にかかる食費や宿代だけでなく、荷物の運搬にも莫大な費用がかかった。

余談だが「引っ越し大名」こと松平直矩の数ある転封のひとつ、日田藩（現在の大分県）から山形藩（現在の山形県）への引っ越しの距離も長かった。直線距離にすると約1007キロメートル。政樹の再長距離にはおよばないものの、直矩の転封は回数が多い。つまり、総合的にみると、より苦しんだのは間違いなく直矩のほうであろう。

明治時代の改易と転封

廃藩置県までのわずかな期間、明治時代にも改易と転封は行なわれた!?

15代将軍・徳川慶喜が大政奉還した1867(慶応3)年、この年に幕府と諸侯(大名)の主従関係からなる幕藩体制も、終わったと思うかもしれない。しかし、時代が明治に移ってもなお、地方には幕藩体制が存続していた。

1869(明治2)年、諸藩主が土地(版)と人民(籍)の支配権を朝廷に返還する「版籍《はんせき》奉還《ほうかん》」を足がかりとして、1871(明治4)年に藩を廃止して府県に統一する「廃藩置《はいはんち》県《けん》」が行なわれた。こうして封建社会から中央集権国家へと変わっていったのである。

そういうわけで、ほんのわずかな期間ではあるものの、明治時代に入って少しの間は江戸時代のまま藩が存続していた。藩が廃止されるまでの間に改易された大名もあれば、転封となった大名もあったし、さらにいえば新たに立藩された藩すらあった。

わかりやすいのが戊辰戦争で旧幕府軍として戦って敗れた諸藩である。関ケ原の戦いにおける西軍のように、敗れたことで領地を没収されたり、転封されたりしたのだ。

もっとも過酷だったのが、会津藩の斗南《となみ》藩への転封であろう（158ページ）。斗南藩は現在の青森県上北《かみきた》あたりの地域に立藩された。とはいえ、旧幕府軍として戦った東北諸藩であっても多くは、もとの領地へ戻されている。

そのほか、徳川宗家の家督が慶喜から田安徳川家7代当主・徳川家達《いえさと》に譲られたさい、駿河・遠江《とおとうみ》・三河の70万石を静岡藩とし、この地に家達が移封したことを理由に、静岡周辺の大名は大勢での引っ越しを余儀なくされた（154ページ）。沼津藩ほか、駿府や遠江の諸藩が房総半島などに移転することになり、家族を含めれば2万5000人もの人々が大移動することになったのである。

この家達の静岡藩は、静岡周辺の諸藩が統合されて新設された扱いであるし、会津藩が渡った斗南も同様である。それ以外にも、もともと大名の家老で外様大名のように扱われながら、明治時代に入ってはじめて藩として認められた岩国藩（現在の山口県）、新政府に協力した功によって立藩された矢島藩（現在の秋田県）など、新政府によって新設された藩は意外と多い。

だが、苦労して引っ越してひと息したのも束の間、数年もしないうちに、廃藩置県によって藩という行政区分は消え去るのであった。

転封のはじまり

江戸に幕府が置かれたのは、家康の転封がきっかけ？

転封とは、江戸時代に行なわれた大名の国替えであるが、厳密にいうと豊臣政権下ですでに行なわれていた。毛利元就の三男・小早川隆景《こばやかわたかかげ》の伊予（現在の愛媛県）から筑前（現在の福岡県）への転封、伊達政宗の会津から米沢への転封、上杉景勝の越後から会津への転封など、有力大名の国替えは有名である。

のちに大規模な改易・転封を行なうことになる家康自身も、このころに秀吉によって転封を命じられている。

きっかけは、１５９０（天正18）年の秀吉による小田原征伐であった。小田原を中心として関東一円を支配していた名門・後北条《ごほうじょう》氏が秀吉に敗れ、家康はその旧領を与えられた。与えられた伊豆・相模・武蔵・上野《こうずけ》・上総《かずさ》・下総《しもうさ》の６カ国と、以前からの領地である近江などを含めると、家康の所領は２５５万石ほどにもなったという。これは豊臣政権下で

家康の関東への転封

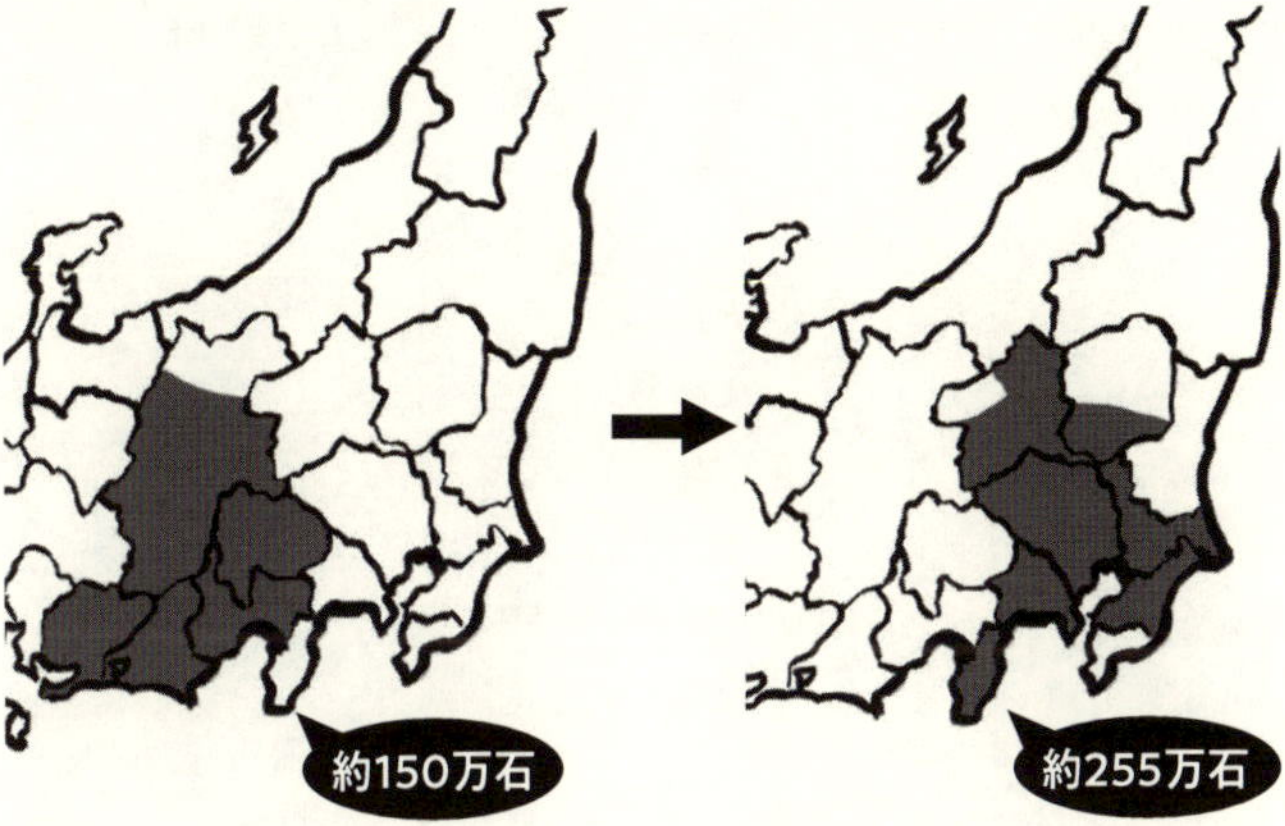

先祖代々の領地から離れることになったが、100万石以上の加増となった。

はほかに類を見ない待遇であり、家康は全国で最大の大名となった。

そうはいっても、家康は三河の土豪の生まれ。少年時代に人質として過ごした駿府を本拠地として定め、三河・遠江《とおとうみ》・駿河《するが》・甲斐《かい》・信濃《しなの》の5カ国を所領とし、慣れ親しんだ土地を大事にしてきた。

領地の商工業の発展や交通整備、新田開発などに力を入れ、転封の前年の1589（天正17）年には、5カ国すべての検地を終えたばかりであった。

故郷をはじめ、長年にわたって統治してきた領地を召し上げられたことを思うと、およそ155万石から255万石への加増といっても、なかなか素直に喜べなかっただろう。

秀吉による転封の命令は、脅威である家康

を冷遇して遠ざけた左遷であるという見方もあるが、逆に家康を信頼していたという見方もある。もともと転封以前から家康は関東近辺の監視を任されており、関東への転封は予想されたことであったともいう。秀吉はこのころ朝鮮に目を向けており、関東・東北の安定は家康に任せて、そちらに集中したかったのかもしれない。

さて、家康の転封で空いた5カ国はというと、おもに小田原征伐で活躍した秀吉の中堅どころの家臣たちに与えられた。たとえば、中村一氏《なかむらかずうじ》は駿府14万5000石を、山内一豊《やまうちかずとよ》は掛川5万石を、堀尾吉晴《ほりおよしはる》は浜松12万石を、田中吉政《たなかよしまさ》は岡崎5万7000石を与えられている。これらの配置には、関東の徳川の押さえとしての意味合いもあった。

◉家康にとって江戸とは

左遷か優遇か、転封を命じた秀吉の意図は長年議論されているところであるが、当の家康にとって関東とは、江戸とはいったいどんな土地だったのであろうか。

もちろん、東海から離れ、江戸を本拠地としなければならないことに不満はあっただろう。その江戸に幕府を開いたのは家康自身であるが、あまり愛着はなかったのか、将軍職を子の秀忠に譲って大御所となってしばらくののち、1607（慶長12）年からは駿府城を本拠地としている。家康が江戸にいた期間はわずか5年ほどであった。

江戸は低湿地帯で、井戸を掘っても海水が流れ込むため良質な飲み水を得にくい。江戸城は老朽化していてボロボロ、江戸のまちは過疎地であったという。

しかし家康にとって、関東への転封で好都合な面もあったのではないだろうか。

関東は初の幕府である鎌倉幕府があった地であるし、家康が先祖と称する新田氏（清和《せいわ》源氏《げんじ》）のルーツは上野国（現在の群馬県）。そもそも、関東といえば坂東武者《ばんどうむしゃ》・関東武士など、平安時代から平氏や源氏などの勇猛な武士たちが本拠地としてきた土地である。源氏の姓を名乗る家康にとって、武士の本場ともいえる関東の主になることは、まんざらでもなかったのではないか。

もうひとつ、日本三大怨霊として知られる平将門《たいらのまさかど》も関東出身。その首塚は古くから祀られ、戦国時代には北条氏らの崇敬を集めたという。首塚は江戸の鬼門にあたる神田明神に祀られており、秀忠は神田明神を「江戸総鎮守」としている。

ともあれ、秀吉が関東への転封を命じなければ、徳川家による幕府が開かれたとしても、それは江戸の地ではなかった可能性もある。江戸の繁栄はもとより、東京が大都市になったのも、元をたどれば秀吉による家康の転封のおかげなのかもしれない。

消滅した藩

将軍も輩出したのに消えた甲府藩。怒涛の藩主交代の末、廃藩に……

江戸300藩といわれるが、260余年、ずっと藩の数が一定だったわけではない。改易と転封によって藩主が不在となり幕領となった藩もあれば、新設された藩もあった。途中で消滅した藩、途中から生まれた藩、1度消えて復活する藩、さまざまである。

そういうわけで、当初は存在した藩が明治維新まで残っていないということはザラにあったのだが、その中でも異色の土地がある。現在の山梨県にあたる甲府藩だ。

甲府藩は、享保の改革の一環で幕領となってからは1度も藩が置かれず、そのまま廃藩置県を迎えた。東京都・北海道・沖縄県を除くと、藩がひとつもない都道府県は、全域が幕領であった山梨県だけだといわれている。さて、どのようにして甲府藩は消えてしまったのだろうか。

甲府領主であった浅野《あさの》長政《ながまさ》の子・幸長《よしなが》は関ヶ原の戦いで東軍につき、その戦後処理の結果、和歌山藩へ転封となると、甲府は幕領となって城主の代理である城代が置かれ、そののちに家康の九男・義直《よしなお》が藩主となった。

親藩大名であってもコロコロと転封されたことは先に紹介したとおりであるが、甲府に入封した大名は徳川一門ばかりで、次から次へと藩主が交代した。義直の次は家光の弟・忠長、さらにその次は4代将軍・家綱の弟・綱重《つなしげ》が入り、ここでやっと落ち着いて嫡子、つまり2代目が誕生するのだが、綱重の子・綱豊《つなとよ》は5代将軍・綱吉の世子として家宣《いえのぶ》と名を改め、6代将軍となって甲府を去った。

次に藩主となったのは譜代大名で綱吉の寵臣《ちょうしん》・柳沢吉保《やなぎさわよしやす》である。これもまた嫡子の吉《よし》里《ざと》が2代目となったが、1724（享保9）年、吉里が郡山《こおりやま》藩（現在の奈良県）へ転封になると、その後は藩が置かれることはなく、明治維新まで幕領のままとなった。

何人もの藩主が「通りすぎる」といっていいほど定着しなかった甲府藩。義直、忠長は城代に任せて甲府には居住しておらず、綱重も将軍の弟として江戸城の桜田邸に住み、甲府には居住しなかった。綱吉に寵愛され、大老格の要職にあった吉保も同様である。

結局のところ、藩主らしい藩主は、15年の間、甲府城にいた吉里くらいといえる。

ちなみに、甲府の特産として有名なぶどうは、吉里が栽培を推奨して盛んになった。藩主は去ったが、置き土産は現在まで綿々と受け継がれているのであった。

一大スキャンダルはでっち上げ？

江戸時代中期、藩政改革を推進した加賀藩（現在の石川県）の６代藩主・前田吉徳《よしのり》が急死した。跡を継いだ嫡男・宗辰《むねとき》は、改革を任されていた大槻伝蔵《おおつきでんぞう》を排斥すると、その年のうちに死去した。

この宗辰の急な死に、毒殺したと疑われた伝蔵は幽閉され、その後、自害した。さらに、吉徳の側室で伝蔵と懇意だった真如院もわが子（利和《としかず》）を藩主にしようと毒殺に加担したとされ、殺害されている。

伝蔵は異例の出世をとげたせいで、守旧派の家老・前田直躬《なおみ》らの恨みを買って対立。伝蔵と真如院の罪状ははっきりせず、加賀騒動の真相は不明だ。現在では、直躬らが密通・共謀をでっち上げたという説が根強い。利和は伝蔵の子とみなされ、不遇のうちに死去した。利和が吉徳の子と認められて復権したのは、1951（昭和26）年だったという。

加賀藩での一大スキャンダルは、実録本や歌舞伎や浄瑠璃などに取り上げられ、人気を博した。

PART2

勢力図の一大書き換えとなった！
関ケ原の戦いによる改易・転封

武士に戻れなかった

関ケ原の戦いの敗戦で処罰を受けた西軍の主力大名の末路

関ケ原の戦いは、表向きは豊臣政権の五奉行のひとりだった石田三成の挙兵が原因だが、実際には徳川家康による政権奪取を目的とした行動だといわれている。そのため、家康は西軍についた多くの武将の所領を没収・削減し、その分を直轄地にしたり、東軍側の武将などに配分して、徳川家に対する忠誠心を抱くように仕向けていった。

この戦いは豊臣政権内の文治派（石田三成、小西行長ら）と武断派（加藤清正、黒田長政、福島正則ら）の対立もからんでいたが、家康と敵対した西軍勢の多くは改易となり、その数は数十名になる。10万石以上の大名に限れば、青木一矩《かずのり》、宇喜多秀家《うきたひでいえ》、織田秀信、長宗我部盛親《ちょうそかべもりちか》、石田三成、増田長盛、小西行長《こにしゆきなが》がいる。

越前北ノ庄《きたのしょう》（現在の福井県）20万石の青木一矩は豊臣秀吉の従兄弟にあたり、千利休の弟子で茶人としても知られる。西軍についたが病床にあったため出陣せず、決戦後の10月に死去。家康に許されず改易処分を受けたという。

西軍の副大将・宇喜多秀家は、西軍最大の1万7000の兵を率いて東軍と激戦をくり広げたが、総崩れ後は鹿児島まで逃げ、戦後は備前岡山（現在の岡山県）57万5400石を没収された。江戸幕府に出頭して八丈島へ流されたが、関ケ原の戦いに出陣した武将でもっとも生きて84歳で死去した。子孫は八丈島で暮らし、明治になって赦免《しゃめん》されている。

岐阜城（現在の岐阜県）13万3000石の織田秀信は織田信長の嫡孫にあたり、岐阜城での激しい攻防戦に敗れて降伏。所領を没収され、高野山へ追いやられた。のちに下山し、1605（慶長10）年5月に26歳で死去した。息子たちがいたと伝わる。

土佐浦戸（現在の高知県）22万2000石の長宗我部盛親は、東軍に加わる意思はあったが、進路をはばまれてやむなく西軍に参加し、決戦時は前方に布陣した西軍勢が動かないことから戦いに参加できないまま土佐に帰還。さらに、家康と懇意だった実兄の津野親忠《つのちかただ》を殺害したことが一因で所領を取り上げられた。盛親はのちに大坂冬の陣・大坂夏の陣に参戦。敗れて京都の六条河原で斬首され、息子たちも処刑された。

大和郡山（現在の奈良県）20万石の増田長盛は、関ケ原の戦いに参戦しなかったが、西軍についたことで所領没収のうえ、高野山に追放。のちに大坂夏の陣に参戦後、自害した。息子の盛次《もりつぐ》も徳川方に敗れて戦死する。子孫はいるが大名家としては残っていない。

◉三成ら3人は斬首

堺（現在の大阪府）の豪商の子で、キリシタン大名としても知られる小西行長は、秀吉の家臣として数々の軍功をあげ、肥後宇土（現在の熊本県）20万石にまで出世した。三成とは仲がよく、関ケ原の戦いでは東軍の織田長益《おだながます》（織田信長の弟）らと戦って敗北した。

結局、近江佐和山（現在の滋賀県）19万4000石の三成・行長・毛利家の外交僧であった安国寺恵瓊《あんこくじえけい》の3人は捕まり、10月1日に堺を引き回されたうえ斬首され、首は六条河原にさらされた。西軍の総大将・毛利輝元（68ページ）、上杉景勝（70ページ）ら大大名が命を取られなかったなかで、西軍ではこの3人だけが処刑された。武士の情けか、家康は三成、行長の子孫を根絶やしにすることはなく、三成の次男・重成《しげなり》は津軽に逃れて津軽家の家臣となり、娘の子孫からは津軽藩主も出ている。

関ケ原の戦い後に改易された西軍の大名には、最終的に10万石以上の大名として復帰した立花宗茂《たちばなむねしげ》や丹羽長重《にわながしげ》のような人物もいるが、これは例外中の例外である。子孫には家臣となって武家に復帰できた者もいたが、織田秀信、青木一矩、宇喜多秀家、長宗我部盛親、小西行長の直系の子孫は大名に戻れなかった。

西軍の主力大名たちの末路

〈10万石以上からの転落〉

青木一矩
宇喜多秀家
織田秀信
長宗我部盛親
石田三成
増田長盛
小西行長

改易

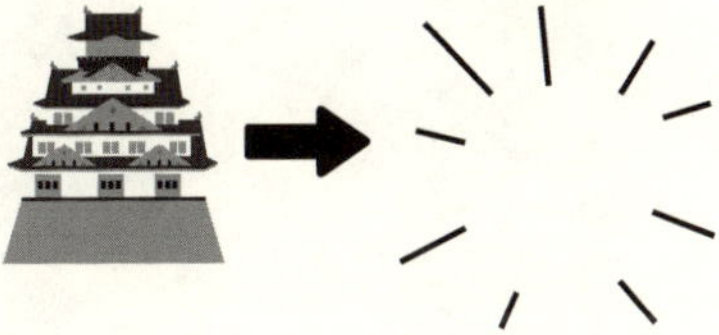

〈処刑された３人〉

小西行長
石田三成
安国寺恵瓊

斬首

〈大幅な減封〉

上杉景勝
毛利輝元

減封

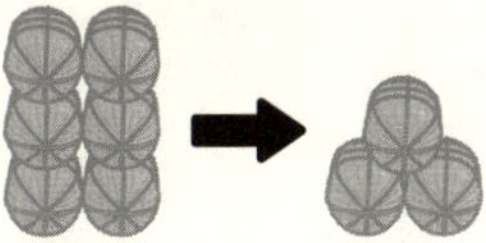

織田秀信ら改易にあった直系の子孫は、２度と大名に戻ることはできなかった。

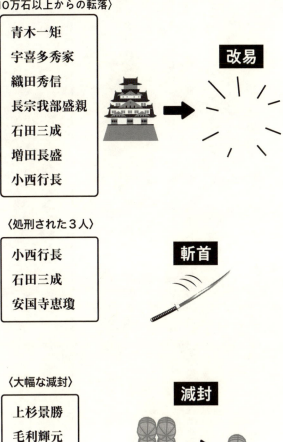

遠隔地への転封

うれしいような、うれしくないような……東軍についた大名の大移動

関ヶ原の戦いから約1カ月後の1600（慶長5）年10月15日以降、徳川家康は諸将に対する恩賞を口頭で伝えていった。関ヶ原の戦いでは家康の子・秀忠軍の到着が遅れたせいもあって、家康は外様大名の働きに頼らざるを得なかった。そのために、西軍の敗将から没収した領地の半分以上を、外様大名に対する恩賞とした。その次は、徳川家の一門や譜代大名への報酬にあてて、徳川家臣団のいっそうの強化に務めた。残りは徳川家の蔵入地（領主が直接支配する土地）に組み入れた。

豊臣秀吉の子・秀頼は東軍、西軍のどちらにもついておらず、恩賞とも無縁だった。にもかかわらず、豊臣政権が全国に所有していた蔵入地のうち、諸大名に管理を任せていた222万石を、豊臣家に対する逆賊（三成ら西軍）討伐の恩賞として、家康が東軍諸将に勝手に分配した。その結果、秀頼は、摂津・河内・和泉（いずれも現在の大阪府）の3カ

国約65万石のみを支配する、いち大名になり下がってしまった。一方で、約255万石の大大名だった家康自身、戦後は400万石もの石高を有する、全国の支配者として実権を握った。

東軍についた諸将には、秀吉に恩がある者も多かった。三成と相容れないために東軍に味方したり、当初は東軍と西軍のどちらにつくか決めかねる者も少なくなかった。家康は彼らを警戒して、一部の例外をのぞき、関東のほか、家康の旧領である東海地方などの要地から遠ざけ、徳川家一門や譜代大名をその地に置いた。外様で功績がある者には、大幅に加増したうえで遠隔地へ移封する。つまり、アメとムチを駆使したのだ。

多大な功績があったにもかかわらず、徳川家からうとまれた外様大名の筆頭格は福島正則（74ページ）だろう。正則は家康に忠義を尽くし、家康は戦後に大幅な加増でこたえたが、徳川家は結局、正則を信用していなかったのである。

●豊臣恩顧の大名は遠くに追いやる

大幅な加増、遠隔地に転封された外様大名はほかに、細川忠興《ほそかわただおき》、田中吉政《たなかよしまさ》、堀尾忠氏《ほりおただうじ》、中村一忠《なかむらかずただ》、山内一豊《やまうちかずとよ》がいる。移封の内容と、徒歩での移動と仮定した距離は、忠興が約550キロメートル（宮津〈現在の京都府〉18万石→小倉〈現在の福岡県〉39万9000石）。

吉政が約770キロメートル（岡崎〈現在の愛知県〉10万石→柳川《やながわ》〈現在の福岡県〉32万5000石）。忠氏が約520キロメートル（浜松〈現在の静岡県〉17万石→松江〈現在の島根県〉24万石、一忠が約580キロメートル（府中〈現在の静岡県〉14万5000石→米子〈現在の鳥取県〉17万5000石。一豊が約560キロメートル（掛川〈現在の静岡県〉約7万石→土佐〈現在の高知県〉20万2000石）となる。

忠興は関ケ原の戦いで三成軍と激闘をくり広げた。吉政は三成軍と戦い、戦場を落ちのびた三成を配下がつかまえている。一忠の父親は徳川家に従う意志を見せたものの、病床にあったために弟や息子を合戦につかわして、高く評価された。一忠やおじも合戦前の戦いで健闘した。

忠氏や一豊などは関ケ原の戦い前の軍議で、真っ先に家康に味方して城を明け渡す発言をしたほか、関ケ原の戦いの前哨戦で武功をあげている。彼らは静岡という、徳川家にとって重要な地域を治めており、豊臣家とのつながりが深かった。

忠興は情報収集力に長《た》けていたとされ、小倉に移されたのは薩摩の島津家をはじめとする九州の外様大名の動きを監視するためと推測される。細川家は加藤家が改易されたのち、薩摩に隣接する熊本へ移った。

吉政、忠氏、一忠の家系は、跡継ぎがいないため江戸時代初期に改易となっている。

東軍についた大名の大移動

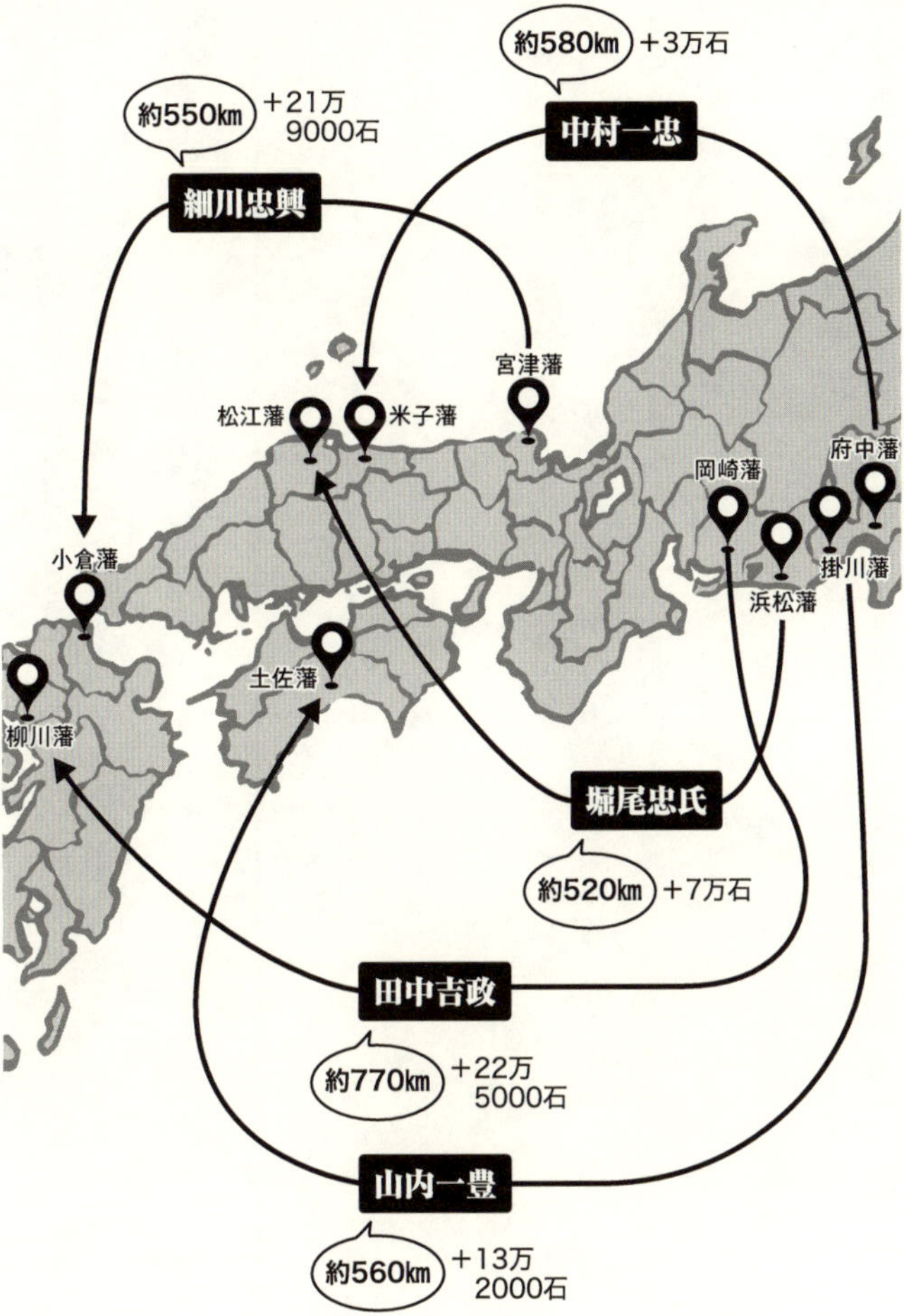

加増になったとはいえ、長距離の引っ越しを余儀なくされた。

態度があいまいなら所領を没収・削減

勝ち馬に乗ったのに取りつぶされた、東軍の悲しき大名たち

関ケ原における9月15日の決戦当日、小早川秀秋の東軍への寝返りによって松尾山のふもとに陣取っていた西軍・大谷吉継《おおたによしつぐ》勢は総崩れとなってしまった。

もともと、石田三成、宇喜多秀家、吉継ら西軍にとって秀秋の裏切りは想定内であり、大谷勢は本隊や息子たちなど5000以上の兵力に、西軍武将の赤座直保《あかざなおやす》、小川祐忠《おがわすけただ》、朽《くつ》木元綱《きもとつな》、脇坂安治《わきざかやすはる》の4隊総勢4200人も、小早川勢への備えとしていた。

小早川勢が東軍に寝返って背後から大谷軍に攻めおりてくると、東軍と戦っていた4隊も東軍に寝返り、大谷勢を側面から攻撃しはじめた。小早川勢には備えていたものの、この裏切りは吉継にとって想定外だった。それでも大谷勢は予備隊も投入して東軍の猛攻をよくしのぎ、何度も押し戻すも、善戦むなしくついには崩壊。吉継は自刃したのだった。

秀秋は東軍勝利の最大の立役者となったが、東軍の勝利を確実なものにしたのは、4隊の

裏切りであった。

西軍を裏切って東軍の勝利に貢献した4人は、あらかじめ打ち合わせしていたのだろう。ところが、同じような立場であるのに、戦後の恩賞には差がついている。安治は洲本（現在の兵庫県）3万3000石を維持し、のちに大洲《おおず》（現在の愛媛県）5万3500石に加増転封されている。一方で、赤座・小川・朽木の扱いは厳しいものになった。直保は今庄《いまじょう》（現在の福井県）2万石を、祐忠は今治《いまばり》（現在の愛媛県）7万石を没収され、元綱は朽木谷2万石から9900石に減封された。

安治のみ所領が守られ、のちに加増となったのには理由がある。脇坂は豊臣秀吉に仕え、秀吉と柴田勝家が争った1583（天正11）年の賤ケ岳《しずがだけ》の戦いで軍功をあげ、「七本槍」のひとりに数えられた武将だ。豊臣政権では武断派で福島正則や加藤清正と親しく、会津征伐では次男を参戦させようとしていたが、三成らに妨害されたため、旧友を通じて家康にやむなく引き返すことを伝えている。

しかも安治本人は、三成が挙兵したさいは大坂にいて、西軍勢にとり囲まれてしまい身動きがとれず、1000人の兵とともにやむを得ず西軍側についた。決戦前には、藤堂高虎《とうどうたかとら》を通じて東軍に呼応する手はずをととのえていた。高虎は、秀吉など主君を7度も変えながら、最後は家康から絶大な信頼を得て、のちに津藩（現在の三重県）の初代藩主となった人物だ。つまり、安治は家康に東軍側につくと事前通告しているので、西軍を裏切ったというより、はじめから東軍勢だったのである。

ちなみに、子孫はのちに龍野藩（現在の兵庫県）の藩主となっている。

◉日和見で処分に差

赤座直保・小川祐忠・朽木元綱（小川と朽木は脇坂と同じく、高虎の工作を受けて東軍に寝返ったとされる）が領地を没収や減封されたのは、関ケ原の戦いの前にどちらにつくかはっきりさせず、あいまいにしたままだったからだ。

家康に「東軍につきます」という誓紙を送っていた安治とは、その点で残る三者はまったく違っていた。合戦のさい、事前にみずからの立場を明らかにしないのは、状況しだいで有利なほうに加勢しようする保身行為であり、あわよくば恩賞を得ようとする卑怯《ひきょう》な態度だとされていたので、家康も日和見で東軍についた武将に対しては手厳しかった。

とくに祐忠に対しては、賤ケ岳の戦いで柴田勝豊《しばたかつとよ》（柴田勝家の甥）とともに勝家から秀吉に寝返るなど、何度も裏切りをくり返す人物と家康はみなしていた（息子ともども三成と親しかった、領内の悪政のためという説もある）。祐忠の家臣の配下が大谷隊に属していた、なぎなたの名手である平塚為広《ひらつかためひろ》を討ち取り、関ケ原の戦い後は三成の居城である佐和山城攻めに参加して東軍に尽くしたが、小川家は取りつぶしとなる。恩賞どころか、義理の兄弟にあたる一柳直盛《ひとつやなぎなおもり》の助命嘆願によって死罪をやっとまぬがれるなど、家康に厳しく処断されたのだった。

元綱の場合は石高が約半分になったものの、近江源氏佐々木氏の流れをくむ名門だったこともあってか、赤座・小川のように取りつぶされず、旗本としてなんとか生き残った。元綱の死後は支配地を3人の子が分割して受け継ぎ、長男の子は旗本に、三男は譜代大名になって江戸幕府の若年寄に就任し、朽木藩（現在の滋賀県）などの藩主となった。三男の子孫は代々、幕末まで福知山藩（現在の京都府）の藩主をまっとうした。

直保は越前の大名だった朝倉義景《あさくらよしかげ》の家臣を父にもつが、朝倉氏滅亡のさいに信長に寝返り、織田家家臣として前田利家などに仕えた。1584（天正12）年の本能寺の変で父が討ち死にしたため、その後は秀吉の家臣となり、1590（天正18）年の小田原征伐に参加して軍功をあげ、2万石に加増されている。

関ケ原の戦い後に所領を失ったあとの直保は浪人を経て、加賀（現在の石川県）など120万石の大名となっていた前田利家の子・利長《としなが》に拾われ、7000石の松任城の城代に任じられている。1606（慶長11）年、氾濫する越中（現在の富山県）の大門川を渡ろうとして落馬、溺死した。子孫は加賀藩士になり、家老職についた者もいる。

世嗣断絶

東軍勝利の立役者となるも、改易された小早川秀秋

関ケ原の戦いで東軍が勝利したのは、小早川秀秋が西軍から東軍に鞍替えした影響が大きい。徳川家康は秀秋の功を認めて、名島《なじま》（現在の福岡県）36万石から備前《びぜん》・美作《みまさか》（現在の岡山県）2カ国51万石に加増転封した。

関ケ原の戦いの前日から関ケ原の松尾山に陣取っていた秀秋は、決戦当日の9月15日、石田三成の狼煙《のろし》を合図に攻撃を開始するはずだったが、家康と内通していた秀秋はそれを無視。かといって西軍にも攻めこまない。業を煮やした家康から催促の鉄砲を打ちこまれたことで、小早川勢はようやく山を下り、西軍の大谷吉継隊へ攻め入った。なお、近年の研究は、裏切りは開戦直後で、催促の鉄砲もなかったとしている。

秀秋はなぜ東軍に味方したのか。寝返りは三成らも予見していて、秀秋には東軍、西軍双方から領地の確約があった。また、豊臣秀吉の正妻・北政所《きたのまんどころ》（高台院）の甥にあたり、

どこで起こった？

秀秋にかかわる家系図

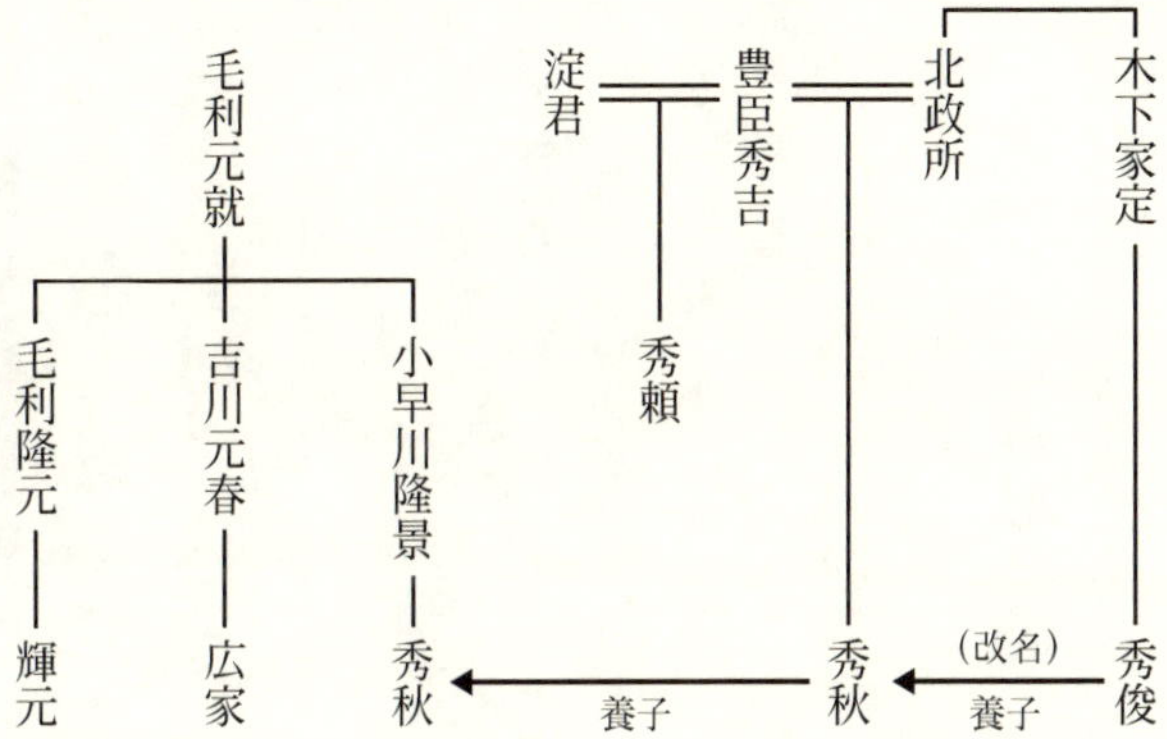

もとは豊臣一門だったが、秀吉に疎まれたために毛利一門となった。

秀吉の養子として秀秋はかわいがられていたが、秀吉に実子（のちの秀頼）が生まれると扱いが一変する。

　このあと秀秋は毛利輝元の養子に決まりかけたが、結局は小早川隆景の養子となる。毛利一門の隆景は本家を守るために秀秋を引き取ったという。そんな境遇を家康になだめられたことがあり、秀秋は家康に親近感を抱いたのかもしれない。

　関ケ原の戦いの最大の功労者でありながら、秀秋は21歳の若さで病死する。

　三成に裏切りをののしられ神経衰弱になった、吉継の呪いで悶死《もんし》したとも噂されたが、晩年は酒色におぼれ、頼りになる家臣も次々と失った。跡継ぎとなる子どもがいなかったために、小早川家は取りつぶしとなった。

安芸国▼周防国・長門国

家康の赦しを得て安心したのも束の間、ふたを開けたら転封された毛利輝元

戦国時代を代表する毛利元就《もうりもとなり》の孫で名家出身の毛利輝元は、関ケ原の戦いでは西軍の総大将を務めた。戦後は、安芸など中国地方7カ国余112万石から周防《すおう》・長門《ながと》（いずれも現在の山口県）36万9千石と、上杉景勝（70ページ）に次ぐ大幅な減封となってしまった。徳川家康は当初、輝元の改易を考えて、従兄弟で家臣でもある分家筋・吉川広家《きっかわひろいえ》に周防・長門の2カ国を与えるつもりでいた。そもそも輝元の処分がこの程度ですんだのは、広家のとりなしによるものだったともされる。

石田三成は挙兵にあたり、輝元を総大将に祭りあげた。輝元は毛利家の外交僧・安国寺《あんこくじ》恵瓊《えけい》に説得され、家中の者に相談せず引き受けてしまう。家臣の福原広俊と広家は、毛利家のためと東軍従軍を望んだが受け入れられなかった。そこで密かに、家康と通じて毛利家の所領安堵（所領の継続保証）を約束する。輝元も恵瓊もこの密約を知らなかった。

どこに移動した？

輝元は西軍総大将として大坂城に入った。輝元の養子の毛利秀元《もうりひでもと》は9月15日、輝元の名代として1万5千の兵を率いて南宮山のふもとに布陣したが、戦がはじまっても前面にいた広家の軍勢が動かず傍観していたので、戦いには参加できなかった。輝元も大坂城から出陣しなかった。

西軍敗走後、家康は輝元に「毛利家に非はない。大坂城を出れば一切処分しない」と約束。秀元は徹底抗戦を主張するが、輝元は大坂城を出てしまった。結局、輝元から諸将へ西軍につくよう呼びかける書状が見つかったことを理由に、家康との約束は破られた。また、広家と約束した毛利家7カ国余の所領安堵の約束も守られなかった。

広家は家康に、今後、輝元が徳川を裏切ったら自分が首をとるので、2カ国は輝元に与えてほしいと必死に助命を嘆願。その結果、輝元の長男・秀就《ひでなり》が家督を継ぎ、毛利一族は命脈を保った。

毛利家は領国内に、秀元が初代藩主となる長府や清末《きよすえ》、徳山の3つの支藩を立て、広家は輝元から3万石を与えられて岩国の領主となった。岩国は参勤交代もする大名格ではあるものの、実態は毛利家の家来扱いで正式な藩となったのは幕末になってからだった。

秀就が初代藩主となった長州藩では、関ケ原の戦いの戦後処理による減封は徳川家の横暴として言い伝えられ、それが幕末の長州藩の倒幕運動につながったともいえる。

陸奥国▼出羽国

取りつぶしはまぬがれるも、大減封となった上杉景勝

関ケ原の戦いは、会津征伐をきっかけにはじまった。上杉景勝の重臣である直江《なおえ》兼続《かねつぐ》が徳川家康に宛てた書状（直江状）にある「家康様にこそ不誠実な心があるかと存じます」のような、挑発的な文言をきっかけに家康が動いたことにはじまる。その張本人である景勝は家康に謝罪。家康の次男・結城秀康らのとりなしで取りつぶしはまぬがれた。しかし、1601（慶長6）年、会津120万石の大大名であった上杉家は、置賜《おきたま》（現在の山形県）、伊達（現在の福島県）、信夫《しのぶ》（現在の福島県）からなる米沢に転封となり、4分の3も所領を減らされた。これはもっとも石高差のついた大減封であった。

家康から減封を言い渡されたのは、景勝が家康に詫《わ》びを入れた翌日だった。景勝は、その3日後には知行地が3分の1になる君令を発し、家臣たちの移動は同年の9月からはじまった。家康との戦いを見越して集めた兵は解雇したが、景勝は古くから仕えてきた家臣

どこに移動した？

約6000人を、リストラすることなく米沢へ連れていくことを決断。景勝自身は3カ月後の11月下旬に米沢入りした。

多くの家臣が景勝とともに米沢へ移ったのは、景勝の人柄によるところが大きい。たとえば、加賀藩・前田利家の兄の養子で、勇猛かつ風流人でもあった前田慶次《まえだけいじ》は「上杉以外に仕えるべき主はない」と、わずか500石で景勝につき従った。景勝は感情を表に出さず、家臣たちが笑ったところを見たのは、飼っていた猿が景勝の席に勝手に座り、そのしぐさをまねたときだけと伝えられるほど実直で、「義」を重んじた人物と伝えられている。

置賜には、伊達・信夫に移った約2000人を除き、約4000人の家臣が移ったとされ、家臣の家族、職人などもあわせると約3万人が移住したとみられる。

当然、これだけの大人数は米沢の小さな城下町に収まらなかった。移住当初はひとつの家屋に数世帯を同居させても住居が足りず、掘っ立て小屋を建てて雨露をしのがせ、城外にも下級武士らを住まわせて自給自足させた。

直江兼続は敵の侵攻に備えて守りの固い城下町づくりに着手し、城をはじめ、侍町や町人町のほか、生活用水といったインフラ整備に取り組んだ。景勝の代に減封後の混乱を乗り越えて、藩の基礎づくりに成功。景勝の代以降、財政難に苦しんだこともあったが、上杉家を藩主とする米沢藩は版籍奉還まで存続した。

常陸国▼出羽国

態度をはっきりさせなかった佐竹義宣はなぜ転封されてしまった？

清和源氏の家系で常陸《ひたち》（現在の茨城県）の名門・佐竹家当主の義宣《よしのぶ》は、関ケ原の戦いにおいて東軍・西軍のどちらにも積極的に加担していない。

戦後に父・義重が家康に陳謝し、義宣も謝罪したことで取りつぶしには至らなかったが処遇は最後まで決まらず、１６０２（慶長７）年５月に水戸54万石から秋田郡（現在の秋田県）にようやく国替えが決まった。当初は石高もはっきりしないありさまで、約20万５８００石という半分以下の厳しい処分が下された。

義宣は用心深くすぐれた武将であり、どっちつかずだったのは仕方のない面もある。秀吉に重用された恩があるうえ、三成との信頼関係もあった。１５９９（慶長４）年、加藤清正ら秀吉子飼いの７将による三成への襲撃時には、命がけで三成を守りながら伏見の三成の屋敷に送り届けている。ふたりの絆は周知のことで、義宣自身も三成との関係から西

どこに移動した？

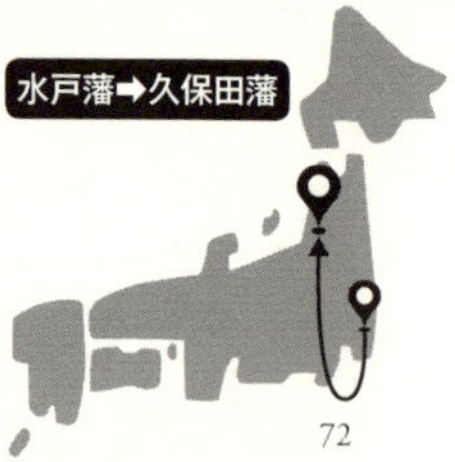

軍につきたいと考えていたが、家督を継いだとはいえ、家中の実権は「鬼義重」と呼ばれた勇猛な父がにぎっていた。義重は家康と非常に親しく、佐竹家を守るために東軍に加担すると主張し、家中の者も賛同した。親戚ではあるものの、家康に呼応すると思われた伊達政宗の脅威に所領がさらされている状態では、西軍につくリスクも大きく、義宣はこれを拒めなかった。

とはいえ、家康から会津征伐への出陣要請があったときは従わなかった。上杉景勝と三成に密約があり、家康の背後をつこうとしたともいわれるが、密約説の有無は不明だ。もしも政宗が会津征伐に動けば西軍の上杉勢が釘づけとなり、自分が決起しても景勝の援軍は望めない。義宣は西軍にも東軍にもつかず、三成らには味方しないと家康に使者を送り、さらに家康の子・徳川秀忠軍に対して申しわけ程度に300騎を派遣した。義宣にとっては義理と佐竹家の存続の狭間《はざま》の、ギリギリの決断だった。

義宣は減封後、久保田藩（現在の秋田県）の初代藩主となる。大幅な減封だったため、連れていけない家臣も多数いた。内政に力を入れ、新たに築いた久保田城は土塁を盛り上げただけで天守や石垣を設置しないことで、幕府に反抗する意思がないことを示し、家康に「律義者」と評価されている。大坂冬の陣では徳川方について戦功をあげた。7代藩主・義明《よしはる》のときに御家騒動で改易の危機があったものの、佐竹家は幕末までなんとか存続した。

尾張国▼安芸国

関ケ原で目立ちすぎて転封となってしまった福島正則

関ケ原の戦いにおける福島正則の活躍ぶりは、徳川家康が「このたびのこと、生涯忘れぬ」と絶賛するほどだった。戦後は清州《きよす》（現在の愛知県）24万石から、広島（現在の広島県）49万石８２００石へと大幅に加増転封され、正則は広島藩の初代藩主となった。

少しさかのぼって諸将と会津征伐におもむく途中、石田三成に妻子を人質にとられたことが知らされる。諸将には迷いが見られる者もいたが、正則が「挙兵は三成がはかったことで、８歳の（豊臣）秀頼殿のお考えであるはずがない。自分は妻子を殺されても家康殿に味方する」と宣言したことで、諸将は家康（東軍）につく決心が固まったという。

また、清州城を差し出して備蓄米を東軍に役立てている。１６００（慶長５）年８月には家康の婿である池田輝政《いけだてるまさ》らの東軍勢とともに、西軍・織田秀信（織田信長の孫）の守る岐阜城を落とす。９月15日の戦いでも、約１万７０００の宇喜多秀家の軍勢をつき崩すな

どこに移動した？

ど、獅子奮迅の働きを見せた。

しかし、加増転封の実態は左遷であった。豊臣秀吉の縁者で幼少のころから秀吉につかえた正則が、家康に接近して東軍についたのは、秀吉の実子・秀頼のためでもあった。三成と反目していた正則は、三成が豊臣家にあだなすと考え、家康につけば豊臣家にも自分のためにもなると判断。正則の行動が豊臣家のためと、家康は百も承知で、その後の大坂冬の陣・夏の陣では出陣命令を出さずに留守役にとめおいた。

徳川家にとって正則はめざわりだったのだろう。1619（元和《げんな》5）年、広島城の石垣の無断修理を咎め、破却命令にも誠実に対処しなかったため、謀反の疑いありとして川中島（現在の長野県）、魚沼郡（現在の新潟県）4万5000石に減封してしまった。正則は次男・忠勝に家督を譲ったが、忠勝が早世すると2万5000石を幕府に返上。川中島の高井野村に蟄居し、1624（寛永元）年に64歳で死去した。

さらに不幸なことに、幕府の検使が到着する前に家臣が正則の遺体を火葬した（切腹を隠すためともいわれる）ために、残りの2万石も取りあげられ、改易されてしまった。

その後、正則の末子・正利《まさとし》は、父の功績を考慮した幕府から3000石を与えられて旗本となる。一時断絶となったが、正利の甥にあたる正長の長男・正勝（正則のひ孫）は、5代将軍・綱吉から2000石の旗本に取り立てられ、福島家を再興した。

罪人の隠匿

関ケ原の因縁？ 宇喜多家の縁者に振り回されて連座の嵐が吹き荒れる

富田《とみた》信高《のぶたか》は、関ケ原の戦いに東軍として参戦後、津《つ》藩（現在の三重県）5万石から7万石に加増された。ところが、1613（慶長18）年に妻の兄と争いになり、徳川家康・秀忠に裁断された結果、敗訴して改易されてしまった。

この義兄とは津和野藩（現在の島根県）の藩主・坂崎直盛（96ページ）のことで、関ケ原の戦いの西軍の副大将・宇喜多秀家の従兄弟にあたる。直盛の家来で甥の宇喜多左門《うきたさもん》が家臣を殺して逃げ、信高がかくまったところ、それを知った直盛が左門の引き渡しを何度となく要求。信高が一切応じなかったために対立は深刻化した。直盛は信高と一戦を交える寸前だったが周囲がいさめ、1605（慶長10）年、家康に訴えた。家康は将軍職を譲っていたことから秀忠に訴えるように伝え、秀忠は直盛の訴えを証拠不十分とした。

信高は1608（慶長13）年8月、宇和島藩（現在の愛媛県）に12万石で加増転封され

どこで起こった？

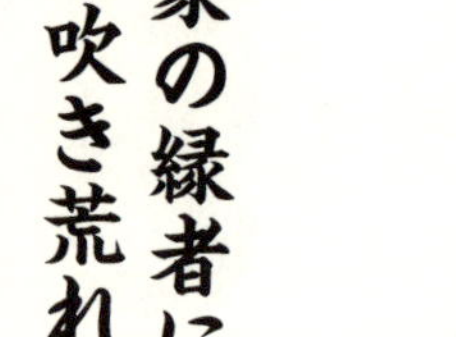

る。これにともない左門は、妻どうしが姉妹で信高とも親しい関係にある延岡藩（現在の宮崎県）の藩主・高橋元種《たかはしもとたね》のもとに身を寄せた。困窮していた左門に信高の妻が密かに米300石と手紙を送ったところ、左門につき従って延岡に行った者がその手紙を盗んで直盛に届け、「津和野に帰りたい」と願い出たことから、直盛は秀忠に再度訴えた。

1613（慶長18）年10月8日、家康、秀忠、老中らの前での直接対決で直盛が勝訴し、信高は改易となった。左門をかくまった元種も連座して改易され、信高の実弟で佐野藩（現在の栃木県）の藩主・佐野信吉《のぶよし》も、1614（慶長19）年に改易とされてしまう。

『宇和旧記』などによると、宇和島に転封されたさい、佐田岬半島の突端部を避ける塩成《しおなり》—三机《みつくえ》間の掘削工事に多数の人員を強硬に動員して住民の恨みを買ったことも、信高の罪状のひとつにあげられていたとされる。また、勘定奉行（財政や幕府の直轄領を支配）であった大久保長安と親しく、直盛との確執というよりは、信吉ともども長安の不正蓄財事件に連座したという説もある。直盛との争いで改易されたのであれば、元種や信吉もとんだとばっちりといえるだろう。

ちなみに、関ケ原の戦いの前哨戦である安濃津《あのつ》城の攻防戦で、信高が敵に囲まれたとき、ひとりの若者が駆けつけて何人もの敵を討ち取り、九死に一生を得た。武功にすぐれたこの若者こそが、左門に米を送った信高の妻だったという。

主君の謀反を訴え、改易を回避？

1632（寛永9）年、黒田藩（現在の福岡県）で「黒田騒動」が起こった。

黒田長政の長男である2代藩主・忠之《ただゆき》は、長政の遺言どおりに自分を補佐する家老・栗山大膳《だいぜん》の忠告を聞かず、側近の倉八十太夫《くらはちじゅうだゆう》を重用。藩の旧臣を遠ざけ、大船の建造や足軽隊の結成など幕令にそむく行動を続け、藩主と旧臣の対立は深刻化した。

大膳は、忠之に謀反のくわだてありと幕府に訴え出た。翌年、3代将軍・徳川家光が忠之を尋問したうえで、忠之に謀反の事実はないとして、1度は所領を没収するも、長政の功績を理由に再安堵する。大膳は南部藩（現在の岩手県）預かりの千人扶持《ぶち》とし、十太夫は高野山に追放した。

忠之はおとがめなし、大膳も流罪扱いだが厚遇され、死者の出ない平和的な解決に至った。真相は不明だが、改易をおそれた大膳が忠之をいさめる目的で幕府に訴え、幕府も了承したといわれる。

PART3

幕府には逆らえない！
江戸期の改易・転封

江戸時代での理由

世嗣断絶、乱心、法令違反……。江戸時代における改易・転封の理由

江戸時代の改易・転封は、幕府の大名統制策でもっとも厳しいものだった。大名の人事権は幕府が握っており、すべての大名はこの処分の対象となっていた。改易・転封の理由は、世嗣断絶によるもの、乱心・疾病によるもの、御家騒動によるもの、法令違反によるもののほか、職務怠慢や殺傷事件、自害などがある。

なかでももっとも多いのが世嗣断絶、つまり跡継ぎがいないために起こる家督相続の失敗だ。初期の江戸幕府は、武家の相続に関して「長子単独相続」を基本とし、末期養子《まつごようし》(危篤後に跡継ぎとする養子を願い出ること)を認めず、その家を断絶させた。松江藩主・堀《ほり》尾忠晴《おただはる》や松山藩主・蒲生忠知《がもうただとも》らは、跡継ぎがいなかったため改易を命じられている。

意外にも藩主の乱心・疾病による改易も多い。藩主が発狂して家臣や妻を斬りつけたり、家臣に切腹を命じたりする事件が少なくなかったということだ。

藩主の重圧に耐えかね、精神が不安定になりやすいのだろうか。あるいは幼いころよりわがままに育てられ、我慢することを知らないからなのだろうか。いずれにしても、家臣や妻に斬りつけるとは尋常ではない。幕府はこうした場合、藩主が発狂しては藩政を担うことはできないと判断して、その大名に改易を命じたのだ。

法令違反の代表的なものは、幕府に無断で行なう城の増改築や婚姻だ。幕府は大名を取りしまる法令として、1615（元和《げんな》元）年に「武家諸法度」を定め、幕府に無断で行なう築城・婚姻などを禁止した。たとえば、広島藩主の福島正則は、城の無断修理を理由に川中島（現在の長野県）と魚沼郡（現在の新潟県）へ転封させられた。また、牛久《うしく》藩（現在の茨城県）初代藩主・山口重政は、幕府に無断で長男を小田原藩主・大久保忠隣《おおくぼただちか》の養女と縁組させようとしたことをとがめられ、改易を申し渡された。

御家騒動により改易させられた例では、山形藩主の最上義俊《もがみよしとし》が知られている。藩主の適性をめぐって家臣団が分かれていがみあったため、幕府が仲介に乗り出したものの、和解には至らず改易となった。

幕府はこれと狙ったら必ず何かの理由を見つけ出し、何かの事件が起こればそれを理由に、改易や転封を断行することは容易だった。そのため、大名は小さな失敗も許されないという緊張感に、つねに包まれていたのではないだろうか。

豊臣家への内通の嫌疑

茶の湯の影響力を怖れた幕府に切腹を命じられた古田重然

豊臣秀吉が関白の時代、古田重然《ふるたしげなり》は長年の功績が認められ、西岡（現在の京都府）3万5000石を与えられて大名となった。ただし、重然は武将としての働きより、千利休《せんのりきゅう》の弟子で茶人の「古田織部《ふるたおりべ》」としての活躍のほうがよく知られているだろう。

重然は利休から茶の湯の才能を認められた高弟7人「利休七哲」のひとり。秀吉と利休が不和になると、親交のあった武将が秀吉の怒りを買うことを怖れて利休と疎遠になっていくなか、重然は堂々と利休のもとを訪ねたといわれている。

利休亡きあとは、当代随一の茶人として豊臣家の茶頭《さどう》に出世。秀吉没後に隠居し、利休とは趣向の異なる武家好みの気風の流派を確立する。のちに「織部焼」と呼ばれる陶器づくりにも携わり、茶の湯や建築、造園の分野で「織部好み」と呼ばれる流行を生み出した。伏見の自邸で催す茶会には大名や豪商も通ったという。

どこで起こった？

やがて徳川家康から、三男・秀忠の茶の指南を頼まれ、江戸に出向くようになる。こうして徳川家と親密な関係になり、関ケ原の戦いでは東軍に参加。戦後、家康から1万石の加増を受けた。徳川政権下では、茶の湯を通じて、大名や貴族、豪商、社寺などともつながりが生まれた。伊達政宗や加藤清正、池田輝政など、全国の有力大名に大きな影響力を与えるようになる。

ところが、1615（慶長20）年、大坂夏の陣のさいに京都での放火を計画したという疑いをかけられて重臣の木村宗喜《きむらそうき》が京都所司代《しょしだい》（京都の治安維持の任務にあたった幕府の役職）に捕らえられる。さらに主君である重然自身も、大坂冬の陣のころから豊臣家と内通し、徳川勢の軍事秘密を大坂城内へ知らせたという嫌疑をかけられ、切腹を命じられる。

重然は嫌疑について一切の釈明をせず自害した。長男の重広と家臣の宗喜も連座して切腹させられ、古田家は断絶した。重然が宗喜に京都での放火を命じ、その混乱に乗じて家康・秀忠父子の暗殺をくわだてたという説はたしかにある。ただし、幕府の捏造《ねつぞう》であった可能性は否定できない。

重然は茶道の師であった利休と同じく反骨精神が旺盛で、幕府の意向を無視することが多かったようだ。重然がもつ多くの大名への影響力の大きさを危惧した幕府が、先手を打ち、重然を排除するために罠を仕掛けたのかもしれない。

放蕩を尽くしたうえ、家康の知人を殺害した前田茂勝

豊臣秀吉に仕えた前田玄以《まえだげんい》は1588（天正16）年、秀吉から5万石を与えられて亀山藩（現在の京都府）の藩主となった。京都所司代として朝廷とのパイプ役を務め、やがて豊臣政権の五奉行のひとりに任命される。

玄以は関ケ原の戦いでは西軍につきながら、徳川家康に内通して石田三成の挙兵を伝え、病気を理由に合戦には出陣しなかったという。関ケ原の戦い後、家康は玄以がもつ朝廷とのパイプを考慮して亀山藩を残した。その玄以の三男・前田茂勝《まえだしげかつ》だ。

秀吉が「バテレン追放令」を発し、父の玄以がキリシタンを弾圧する側にいたにもかかわらず、茂勝は敬虔《けいけん》なキリシタンだった。

茂勝は玄以の死後、家督を継いで亀山藩主となり、1602（慶長7）年に八上《やかみ》（現在の兵庫県）に転封されて八上藩主となった。当初は江戸城普請役を務め、真面目に働いて

どこで起こった？

いたという。ところが、しだいに放蕩に明け暮れるようになり、藩政に関心を示さなくなる。

1608（慶長13）年、茂勝は気が狂ったのか、自分をいさめる尾池清左衛門ら家臣を斬りつけて殺害し、連座で数名の家臣を切腹させた。家康は尾池と面識があったことから、茂勝の行為に激怒。「発狂したのでは城主は務まらない」という理由で茂勝を捕らえ、改易を申し渡した。茂勝の身柄は京都所司代から、松江藩主で茂勝の姉が嫁いでいた堀尾家に預けられた。改易後の茂勝はキリシタンとして穏やかな生活を送ったと伝えられている。その後、隠岐《おき》（現在の島根県）に流され、その地で亡くなった。

茂勝が本当に発狂したのかどうかは定かではない。茂勝が熱心なキリシタンであったため、幕府は危険視していたという説もある。禁教令（1613年）を発する前の家康は貿易のためと考えてキリスト教を容認する一方、警戒していたともいわれている。それが正しければ、茂勝による家臣の殺害は、キリシタン大名の改易の理由を探していた幕府にとって好都合だったのかもしれない。

なお、茂勝が改易されたのちの八上藩には、松井松平家の松平康重《まつだいらやすしげ》が入った。康重はその後、篠山《ささやま》城に拠点を移して篠山藩（現在の兵庫県）として存続。八上藩は2人の城主が数年ずつ務めただけで歴史から消えた。

派閥抗争

幕府もあきらめて匙を投げた。御家騒動で改易された最上義俊

最上義俊《もがみよしとし》は1617（元和3）年、2代藩主である父・家親《いえちか》の変死にともない、13歳で57万石の山形藩3代藩主となった。家親の死因は不明だったため、家親の叔父・楯岡光直《たておかみつなお》が毒を盛ったという噂が広まったという。

若い義俊は藩政を担うことができず、先代と先々代から仕える家臣も統制できなかったからか、やがて酒色にふけるようになる。若い藩主を支える重臣のなかには、義俊に猛反発する者もいた。反対派は、義俊は藩主の器ではないと考え、義俊の叔父にあたる山野辺《やまのべ》義忠《よしただ》を藩主に推した。義忠は初代藩主・義光の四男にあたる。こうして家臣団は、義俊を擁護する一派と、義忠擁立派に分かれ、抗争を展開した。

義俊は義忠擁立の動きがあることに怒り、老臣の松根光広《まつねみつひろ》に江戸へ出向いて、「父（家親）の変死は光直が毒殺したから。光直は私（義俊）を排除して、義忠を藩主にしようと画策

どこで起こった？

している」と訴えるよう命じる。光弘は老中の酒井忠世《さかいただよ》に会い、義俊擁護の立場から御家騒動の現状を訴えた。

騒動の深刻さを心配した幕府は使者を山形藩に派遣し、調査を行なった。使者は義俊が自堕落な生活をしていることを知り、「義俊に藩主としての指導力はない」「先代の死は自然死であった」「義忠擁立は組織だったものではない」「義俊を堕落させたのは光弘だ」と結論づけ、光弘は柳川藩《やながわ》（現在の福岡県）へ預けられることが決まった。

幕府は騒動を収めるため、最上家の領地をいったん没収し、義俊には成長したときに新たに6万石を与えるという決定を下す。さらに「家臣たちが私欲を捨てて、義俊をよく補佐すれば将来、領地を返す」と条件をつけた。

これで両派が折り合うかと思えば、義忠擁立派が「幕府の命令に従って和解しても、この主君では将来は見えている」として和解を拒否。この態度に幕府は匙を投げ、「家臣こぞって騒動におよぶようでは、山形を最上家に預けておくことはできない」として、1622（元和8年）年、改易を実施した。最上家のこの一連の内紛を「最上騒動」と呼ぶ。

指導力のない若い藩主と、幕府の仲裁があっても譲り合わない家臣のどちらにも問題はあったので、幕府にしても改易でしか収拾できなかったのだろう。なお、義俊は近江と三河に5000石ずつ、あわせて1万石の所領を拝領し、最上家は存続した。

世嗣断絶

側室を娶って子どもができず、御家断絶となってしまった蒲生忠知

蒲生忠知《がもうただとも》は、60万石の会津藩主・蒲生秀行《がもうひでゆき》の次男として生まれた。60万石といえば、仙台藩（62万石）に匹敵する規模だ。それもそのはず、初代・氏郷《うじさと》は豊臣秀吉や徳川家康に仕えた名将。その長男で2代藩主・秀行の妻、つまり忠知の母・正清院《しょうせいいん》は家康の娘であることから、忠知は家康の外孫にあたる。

秀行が30歳で亡くなったのち、長男の忠郷《ただざと》は家督を継いで会津藩主に、忠知は上山《かみのやま》藩（現在の山形県）4万石の藩主となる。ところが、1627（寛永4）年、忠郷が疱瘡《ほうそう》を患《わずら》い、25歳で他界。忠郷には跡継ぎがいなかったため、会津藩は改易となる。

ここで本来なら蒲生氏は断絶となるところ、忠知はその血筋から家督相続を許可され、24万石の松山藩へ転封となる。このとき、忠知は会津藩と上山藩をあわせた約400人の家臣を率いて瀬戸内海を渡ったという。

どこで起こった？

松山藩主となった忠知は妻を迎え、居城である松山城の完成に力を注いだ。しかし、跡継ぎの男子が生まれなかった。側室を娶《めと》っても子どもに恵まれなかったため、やがて妊婦を見ると腹立たしくなり、奇行におよぶようになったと伝えられている。あるとき忠知は、家臣に妊婦を捕らえさせ、庭石に乗せて腹を裂き、母子ともに殺害したという。この逸話が真実なのかどうか、定かではない。おそらく跡継ぎに恵まれない忠知の苛立ちを表わすために、誇張してつくられたのだろう。

松山藩は跡継ぎ問題とは別の問題も抱えていた。召し抱えていた家臣が多すぎて藩の財政を圧迫していたことから、やむなく減俸としたところ、家臣間で抗争が起こっていたのだ。その結果、1630（寛永7）年には、家老の福西吉左衛門《ふくにしきちざえもん》たちが筆頭家老の蒲生源《がもうげん》左衛門《ざえもん》と、その兄弟を幕府に訴えるという騒動（蒲生騒動）に発展する。

この騒動はすぐには決着がつかず、3年にもおよんだ。最終的に3代将軍・家光が裁き、老臣たちは流罪や蟄居《ちっきょ》を命じられ、忠知も叱責《しっせき》されたという。

忠知はその後、病床に伏せることが増える。1634（寛永11）年、参勤交代の途中、京都の藩邸で急死した。死因は兄と同じく疱瘡だった。

忠知には跡継ぎがいなかったため、たとえ家康の外孫とはいえ、蒲生氏は断絶。家臣たちは幕府の斡旋《あっせん》により、諸藩に再仕官したという。

世嗣断絶

なぜか婚礼の日に家臣を斬殺し、無罪となるも改易された中村一忠

米子藩主である中村一忠《かずただ》の父・一氏《かずうじ》は豊臣秀吉に仕え、多くの武功をあげた武将だった。小田原征伐でも手柄を立て、秀吉から府中（現在の静岡県）14万5000石を拝領し、豊臣政権の仲裁役「三中老」のひとりに任命される。

一氏は関ケ原の戦いの直前に徳川家康と接見し、東軍につくことを決意するも、重病のため参戦を断念し、戦いの直前に亡くなった。関ケ原へは一氏の代わりに、実弟の一栄《かずひで》が参戦した。

家康は戦後処理で、東軍への協力を申し出た一氏を高く評価し、一氏の長男・一忠に米子藩（現在の鳥取県）17万石を与える。藩主となった一忠は、このときまだ11歳と幼かったため、家康は一忠の叔父・横《よこ》田《た》村詮《むらあき》を後見人に任命し、執政家老として藩政にあたるよう命じた。

どこで起こった？

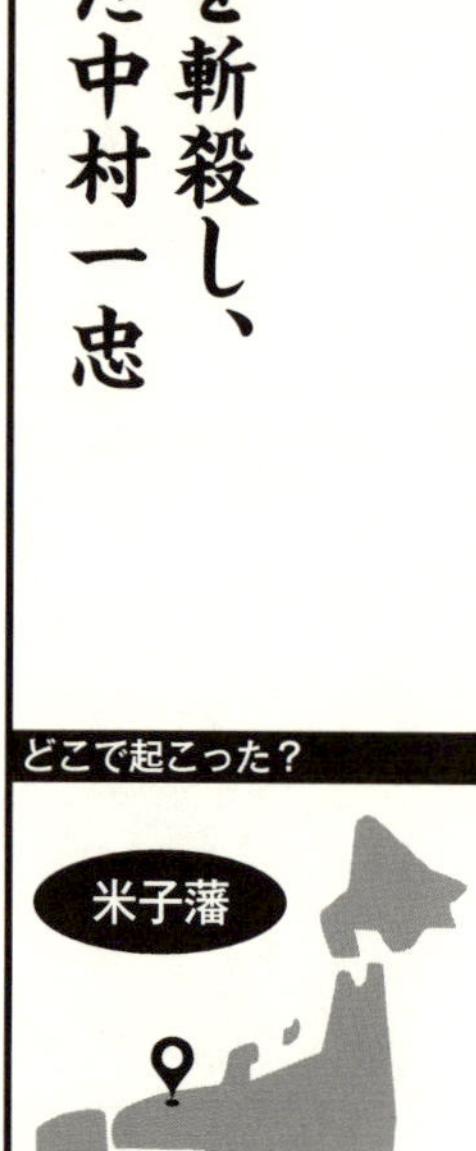

忠一は村詮を信頼して政務を任せた。期待に応えるべく、村詮は米子城の築城工事や城下町の区画整備に奔走した。すると、一忠の側近の安井清一郎《やすいせいいちろう》や茶人の天野宗杷《あまのむねつか》らが村詮の活躍を妬み、「御家老の勝手にさせてはなりません。そろそろご自身で政務をおやりになっては」と一忠を扇ったという。若くて判断力に欠けていたのか、一忠は側近たちの話を鵜呑《うの》みにしたようだ。

老臣で叔父の村詮を藩主が斬殺するという不可解な事件は、一忠が14歳を迎えた1603（慶長8年）年に起こった。一忠と家康の養女との婚礼が米子城で催された日のこと。祝宴が終わったあと、婚儀の不手際を理由に、一忠がいきなり村詮を斬りつけて斬殺した。これに村詮の長男ら一族約200人が村詮の無念を晴らそうと抵抗する。一忠は、隣国の松江藩主・堀尾吉晴の救援を得て沈静化した。これを「米子騒動」という。

この騒動の報告を聞いた家康は、自身が後見人に指名した村詮が殺害されたことに激怒し、騒動の首謀者として清一郎と宗杷に切腹を命じた。ほかの側近数名も、事件を阻止できなかったという理由から切腹に処せられた。

一方、一忠は養女が嫁いだ相手だったおかげか、謹慎処分のみで罪をまぬがれた。その後、1609（慶長14）年、一忠は20歳という若さで急死する。死因は不明だ。一忠には跡継ぎがいなかったため、中村家は改易となり断絶した。

贈賄

詐欺の被害者だったにもかかわらず、改易されてしまった有馬晴信

日野江《ひのえ》藩（現在の長崎県）4万石の初代藩主・有馬晴信《ありまはるのぶ》は、豊臣秀吉の配下として活躍したキリシタン大名だ。関ケ原の戦いでは東軍についたため、自領は安堵《あんど》された。

1609（慶長14）年、晴信が派遣した朱印船がマカオに寄港したさい、ポルトガル船デウス号と取引をめぐってトラブルに発展。マカオ総司令官ペソアがこの騒動を鎮圧し、晴信側の水夫60名ほどが命を落とし。対して晴信は徳川家康に報復の許可を得て、長崎奉行・長谷川藤広《はせがわふじひろ》の監視のもと、長崎港に停泊中のデウス号を攻撃し、撃沈させた。

晴信は家康が所望していた香木の伽羅《きゃら》を家康に献上し、デウス号撃沈の恩賞として旧領地（鍋島領となっていた）の回復を望んだ。一方、伽羅の入手はもともと家康が藤広に命じていたものだったため、先んじて伽羅を家康に献上したことから藤広とは不仲になった。

そんな折、家康の側近である本多正純の家臣・岡本大八《おかもとだいはち》が吉報をもたらした。家康が今

どこで起こった？

回の恩賞として、旧領地を晴信に与えようと考えているというのだ。大八は正純に仲介して旧領地の回復を取り計らうとして、その仲介のための資金を晴信に求めた。晴信は6000両におよぶ金銭を大八に渡したという。これは晴信側からすれば賄賂だ。

ところが、いつまで経っても恩賞の報せがないことから、晴信が正純に直談判したところ、大八の詐欺行為が発覚。これを「岡本大八事件」という。

大八は捕らえられ、江戸で裁決が行われた。大八は詐欺を認めたうえで、「晴信が長崎奉行・長谷川藤広の暗殺を計画している」と密告した。晴信がこれを認めたため、大八のみならず晴信も裁かれることになる。贈賄した晴信に非はあるものの、長崎奉行の暗殺をくわだてていたとは意外な展開だ。

1612（慶長17）年、大八は火刑に処される。晴信は甲斐国（現在の山梨県）への流罪が命じられ、改易のうえ日野江藩を没収。その後、晴信は処刑されたという。

晴信の長男・直純《なおずみ》は駿府城で家康の側近として仕えており、家康の養女を正室に迎えていたこともあり、岡本大八事件の連座をまぬがれて家督相続が認められた。

直純は1614（慶長19）年、延岡藩（現在の宮崎県）に加増転封となった。日野江藩はその後、幕領となったのち、新たに島原藩が立藩されている。

私婚・連座

本多父子との権力闘争に敗れた家康の側近であった大久保忠隣

小田原藩6万5000石の初代藩主・大久保忠隣《おおくぼただちか》は、父・忠世と親子2代で徳川家康に仕え、多くの武功をあげた幕府設立の功労者だ。秀忠が2代将軍に就くと、秀忠を補佐する有力な側近となり、1610（慶長15）年には最初の老中に就任している。

ところがその後、忠隣は長男の忠常を病で失い、意気消沈して政務への集中力を欠くようになる。続いて牛久藩（現在の茨城県）初代藩主・山口重政が幕府の許可なく長男・重信と忠隣の養女との縁組を決めたとして改易処分になる。

さらに、1613（慶長18）年には、蟄居中で忠隣のところに預けられていた他家の旧家老・馬場八左衛門が「忠隣に謀反のくわだてあり」という内容の訴状を家康のもとへ届け出た。これは忠隣に対する八左衛門の逆恨みから生じたもので、まったくの虚言《きょげん》だった。

そこで家康は年寄の本多正信と対策を練り、忠隣にキリシタン弾圧のため京都へ出向く

どこで起こった？

よう命令した。その一方で、京都所司代の板倉勝重《いたくらかつしげ》に、忠隣に改易を伝えるよう命じた。
翌年、忠隣は勝重から改易を申し渡され、近江へ配流された。

大久保家の家系図

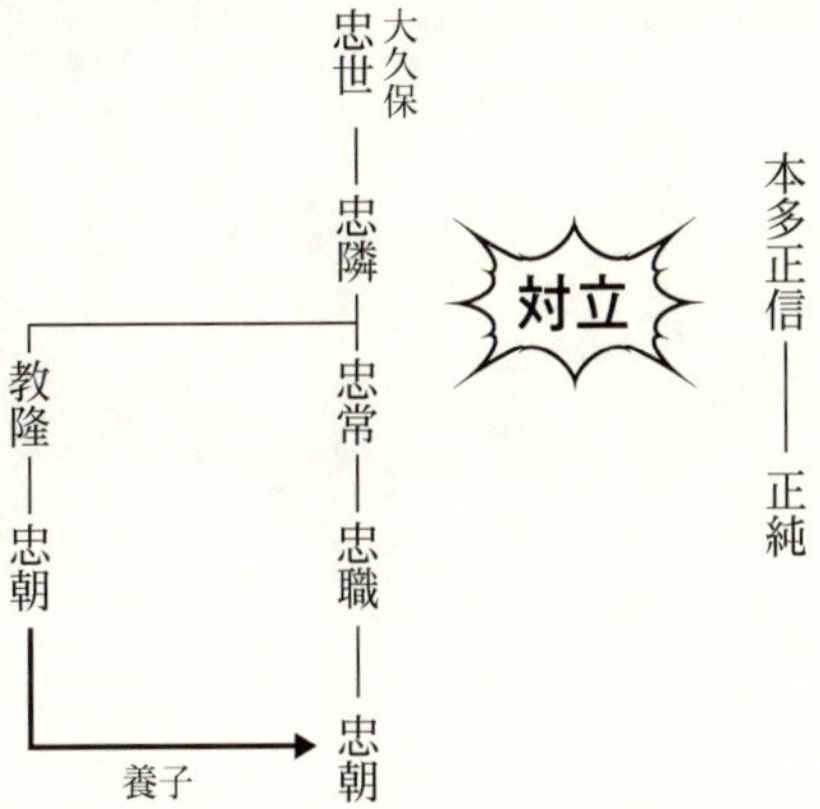

忠隣が改易されてから3代のちに、小田原藩に復帰した。

一説には、家康の死後、幕府から赦免の話があったものの、忠隣は「もし幕府が私の無実を認めれば、戯言《ざれごと》を信じた大御所様の非を天下にさらすことになりかねない」と述べて断わったという。

改易処分は、忠隣と対立していた本多正信・正純父子の策謀だったといわれている。それが事実であれば、忠隣は権力闘争に敗れたということになる。

忠隣は配流後に出家し、1628（寛永5）年に他界した。なお、大久保家の家督は孫の忠職《ただもと》が継ぎ、その養子・忠朝《ただとも》が1686（貞享3）年に小田原藩主として復帰を果たした。

誘拐未遂

家康の孫娘を奪おうとくわだて、切腹させられた坂崎直盛

坂崎直盛《さかざきなおもり》は、備前（現在の岡山県）の戦国大名である宇喜多秀家の叔父・宇喜多忠家《うきたただいえ》の長男として生まれた。しかし秀家とは気が合わず、徳川家康に仕えるようになる。関ケ原の戦いでは東軍に参加し、その功績により家康から津和野藩（現在の島根県）を与えられ、初代藩主となった。

直盛は１６１５（慶長20）年の大坂夏の陣でも大きな手柄を立てた。幕府軍が大坂城へ総攻撃する直前、家康は豊臣秀頼に嫁いだ孫娘の千姫《せんひめ》を心配し、「千姫を助けた者には、千姫を妻として与える」と家臣に告げた。それを聞いた直盛は炎に包まれた大坂城へ駆け込み、見事に千姫を救出したのだ。

ところが、大坂夏の陣のあと、家康はこの約束を反故《ほご》にし、千姫を本多忠政《ほんだただまさ》の長男・忠《ただ》刻《とき》へと嫁がせた。直盛は激怒し、千姫の略奪をくわだてる。

どこで起こった？

ただし、この逸話には諸説あり、千姫を救出するさいに直盛が顔に火傷を負い、千姫はその火傷の痕を見て「直盛には嫁ぎたくない」と拒んだという説がある。また、千姫を救出したわけではなく、直盛は千姫を家康のもとへ送り届けただけだったという説もある。

さらに、事件の原因は千姫の救出ではないとする説もある。家康から千姫を京の公家と再婚させるよう仲介を依頼された直盛が、公家との縁談を進めていたところ、千姫が公家との再婚を拒んだ。そのあと直盛を介しないルートで忠刻との縁談が決まったというものだ。この説では、直盛は面目をつぶされて憤慨し、千姫の誘拐をくわだてたことになる。

実際のところ、どれが真実なのか定かではない。史実として確かなのは、幕府がこの計画を事前に知り、誘拐計画は未遂に終わったことだ。幕府は1616（元和2）年、使者を送って直盛の屋敷を包囲した。

直盛の家臣たちは武装して抵抗する。そこで使者は直盛の家臣たちに書状を渡し、「直盛が切腹すれば坂崎家は取りつぶさない」と持ちかけたといわれている。家臣たちがこの条件をのんで主君を切腹させたとも、家臣が直盛の寝込みを襲って斬首したともいわれている。

騒動後、幕府は坂崎家を改易させ、坂崎家は断絶した。翌年、鹿野藩《しかの》（現在の鳥取県）の藩主だった亀井政矩《かめいまさのり》が津和野藩へ転封されている。

狂暴・殺傷

将軍家に近い存在だからこそ因縁をつけられて消された大名たち

家康の六男として生まれた松平忠輝《まつだいらただてる》は、家康に顔が気に入られず、ずっと嫌われたまま成長したという。それでも、家康が関東屈指の大名となったため、努力をしなくても出世していく。

1599（慶長4）年、長沢松平家を継いだ弟・松千代の死にともない、その養子となった忠輝は家督を相続し、大名になる。深谷藩（現在の埼玉県）1万石、佐倉藩（現在の千葉県）5万石を経て、川中島藩（現在の長野県）12万石と加増移封され、伊達政宗の長女・五郎八《いろは》姫と結婚。その後、高田藩（現在の新潟県）75万石を拝領した。

大坂冬の陣では、家康から江戸城での留守居役を命じられ、従軍できなかった。続く夏の陣では家康に頼み込み、ようやく出陣を許され、大和口の総監を命じられる。ところが、忠輝の軍は遅参により合戦に間に合わず、功名を立てられなかった。総攻撃に間に合わな

忠輝にかかわる家系図

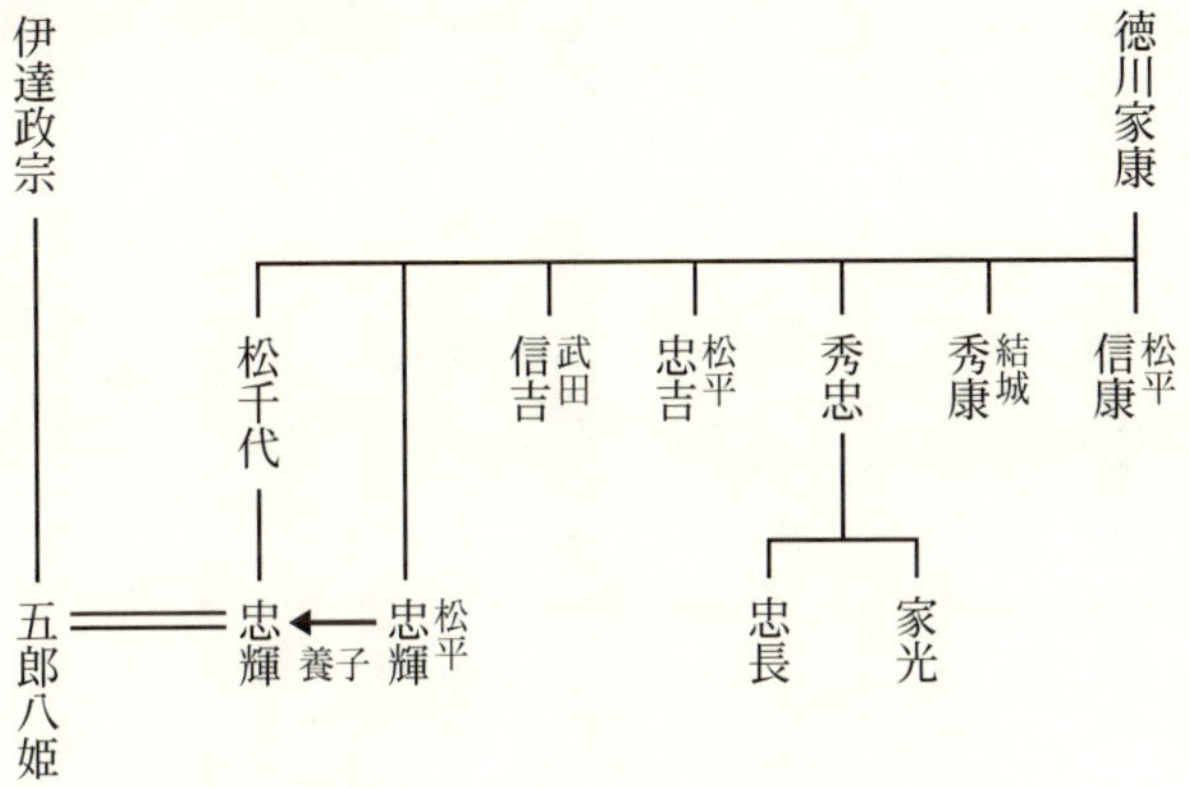

じつの弟である松千代の養子となって、長沢松平家の当主となった。

かった理由は不明だ。

さらに悪いことは続き、この出陣のさい、忠輝の隊列を追い越した将軍家直属の旗本を、忠輝の家来が「殿の隊列を追い越すとは無礼」と怒って刺殺したのだ。これに対して家康と秀忠は忠輝の監督不行き届きを責め、忠輝に対して今後の対面を禁じると伝えた。

家康は老いてからも忠輝と距離を置いた。また、秀忠も忠輝のことを快く思っていなかったようだ。

1616（元和2）年に家康が危篤になったさいも、ほかの兄弟は呼ばれたものの、忠輝には声がかからなかった。それでも忠輝は家康が床に伏せる駿府へ無断で出向いたという。結局、面会は許されなかった。忠輝は家康の埋葬時にも参列できなかったという。

忠輝は同年、秀忠から家康の遺命として改易を命じられ、朝熊《あさま》（現在の三重県）に流された。改易の理由は、大坂夏の陣での遅参と旗本の殺害だった。

幕府の重臣は秀忠に陳謝するよう勧めたところ、忠輝は「将軍家の思うようにはならない。自分の好きなように暮らす」と言い放ち、荒れた生活を続けたという。その後、飛騨高山へ移され、最後は諏訪藩（現在の長野県）の藩主・諏訪頼水《すわよりみず》に預けられ、1683（天和《てんな》3）年、諏訪の高島城で死去した。家康の直系ながら50年以上におよぶ不遇の生活をしいられた忠輝だったが、丈夫だったようで92歳まで生きた。

◉将軍も身内に手を焼かされた

徳川忠長《とくがわただなが》は、2代将軍・秀忠の三男として生まれた。祖父は家康、兄はのちの3代将軍・家光であり、徳川将軍家の直系だ。

秀忠が病弱で吃音《きつおん》のある家光より、容姿端麗で利発な忠長を寵愛したことから、家光と忠長の間には世継ぎ争いが存在した。最終的には家康が家光を指名し、家光への世襲が決定したといわれている。

忠長は若くして甲府藩（現在の山梨県）23万8000石を拝領して甲府藩主となり、元服後に徳川将軍家直轄の駿府藩55万石の藩主の座に就いた。駿府藩は現在の静岡市を中心に、愛知県や山梨県の一部の地域までをも含む広大な領地だ。忠長が将軍・秀忠の子どもだったからこそ、これほどの領地を治める大名になれたといえよう。

やがて家光が将軍になると、忠長は「駿河大納言」と呼ばれるようになった。しかし忠長は、傲慢な態度を取るようになる。将軍の実弟であるということに奢《おご》っていたのか、跡継ぎ争いに敗れて反抗的になっていたのか、江戸で辻斬りを行なったり、幕府に無断で大井川に船橋を掛けたりするなど、横暴なふるまいが増えていった。秀忠は不肖の息子に手を焼き、家光からは疎まれるようになる。

実母が亡くなると、忠長は過度の飲酒にふけるなど、さらに素行が悪くなった。あるときは、野猿の殺生が禁止されている浅間山で猿狩りを行ない、1000匹以上を捕殺したといわれている。また、ささいなことに腹を立てて家臣を手討ちにしたりするなど、奇行が目立つようになる。

そんな忠長に対し、秀忠はついに勘当を言い渡した。秀忠の危篤のさいにも面会は許されなかったという。家光は忠長の数々の乱行を見逃せなくなり、秀忠没後の1632（寛永9）年、発狂による乱行を理由に忠長に改易を命じた。領国はすべて没収され、甲府での蟄居を経て高崎に幽閉され、翌年、高崎で自害を命じられた。享年28歳だった。

狂暴

功績を評価されず悪事を働き、隠居させられた松平忠直

松平忠直《まつだいらただなお》は実父で北ノ庄藩《きたのしょう》（現在の福井県）の藩主・結城秀康《ゆうきひでやす》の病死により、13歳で家督を継いだ。越前松平家の祖となった秀康は徳川家康の次男であり、忠直は家康の孫にあたる。叔父で2代将軍・秀忠に気に入られ、17歳のときに秀忠の三女・勝姫を正室に迎えた。

忠直は1614（慶長19）年の大坂冬の陣で、1万5000の軍勢を率いて大坂城の出城・真田丸を攻撃したものの、用兵に失敗して多くの犠牲者を出し、家康に叱責されたという。信用を回復すべく挑んだ翌年の大坂夏の陣では、真田信繁《さなだのぶしげ》（幸村《ゆきむら》）を討ち取り、先陣を切って大坂城に攻め込むという手柄を立てた。

その報告を受けた家康は度肝を抜かれたという。ところが、恩賞は家康から茶入れ、秀忠から掛物が与えられただけ。忠直は抜群の軍功をあげてもろくに評価されないことに不

どこで起こった？

満を抱いた。本来ならば2代将軍は父、3代将軍は自分であったのに……と、幕府に対して反発心を抱いていたのかもしれない。

恩賞を境にしてしだいに悪行が目立つようになる。たとえば、無実の罪で家臣や百姓を手討ちにしたり、妊婦の腹を裂いたりしたといわれている。さらに、「永見《ながみ》事件」と呼ばれる騒動を起こす。秀康に殉じた家臣・永見右衛門尉《うえもんのじょう》の未亡人を側室にしようと迫って拒まれ、その未亡人は剃髪《ていはつ》して仏門に入ってしまう。激怒した忠直は300の手勢を送って永見一族をみな殺しにしたというのだ。

1621(元和7)年には、病気を理由に参勤交代を行なわず、翌年には勝姫の殺害をくわだてたことが秀忠の耳に入る。秀忠は忠直の品行がよくないとして、1623(元和9)年に改易を命じた。秀直は隠居して出家し、府内藩(現在の大分県)へ配流のうえ謹慎となった。府内藩では賄料《まかないりょう》(食費や経費など生活費)として5000石が与えられた。

幕府は忠直が気がかりだったようで、目付を1年交代で派遣して監視を続けたという。忠直の配流生活は22年におよび、1650(慶安3)年、56歳で亡くなった。

◉忠直の長男は御家騒動を解決できずに改易

松平忠直と秀忠の娘である勝姫の間に生まれたのが、松平光長《まつだいらみつなが》だ。光長は秀忠の外孫ということから江戸屋敷で養育された。そのため父が改易されたさいも、一緒に府内藩へ配流されることはなかった。

忠直が改易させられたあとの北ノ庄藩には、忠直の弟で高田藩（現在の新潟県）の藩主であった松平忠昌《まつだいらただまさ》が入り、越前松平家の藩領を相続。一方、忠昌の移動によって空いた高田藩を光長が継ぎ、25万9000石の藩主となった。

光長は父とは異なり、大きな問題を起こすことなく藩主を務めた。しかし1674（延宝2）年、長男の綱賢《つなかた》が42歳で亡くなったのをきっかけに御家騒動がはじまる。綱賢には子どもがおらず、また光長には綱賢以外の男の子どもがいなかったため、甥の松平綱国《つなくに》（忠直の次男の子）を跡継ぎにすることに決め、養子に迎えた。

ところが、光長の義弟にあたる家老の小栗美作《おぐりみまさか》が、自分の子どもを跡継ぎにしようとたくらんでいるという疑惑が浮上。光長の異母弟・永見長良《ながみながよし》（忠直の三男で永見長頼の弟）の一派が美作を糾弾したことから、家臣は小栗派と反小栗派に分かれて対立。これを「越後騒動」という。光長は事態を収拾できず、幕府に裁定を求めた。幕府は両派に和解を申し渡したが、それでも騒動は収まらず、最終的に5代将軍・綱吉が再審の裁定を下した。

綱吉は1681（延宝9）年、美作には切腹、長良には八丈島への島流しを命じ、光長に対しては家臣の取り締まり不行き届きだとして改易を申し渡した。光長は松山藩領内で

越前松平家の家系図

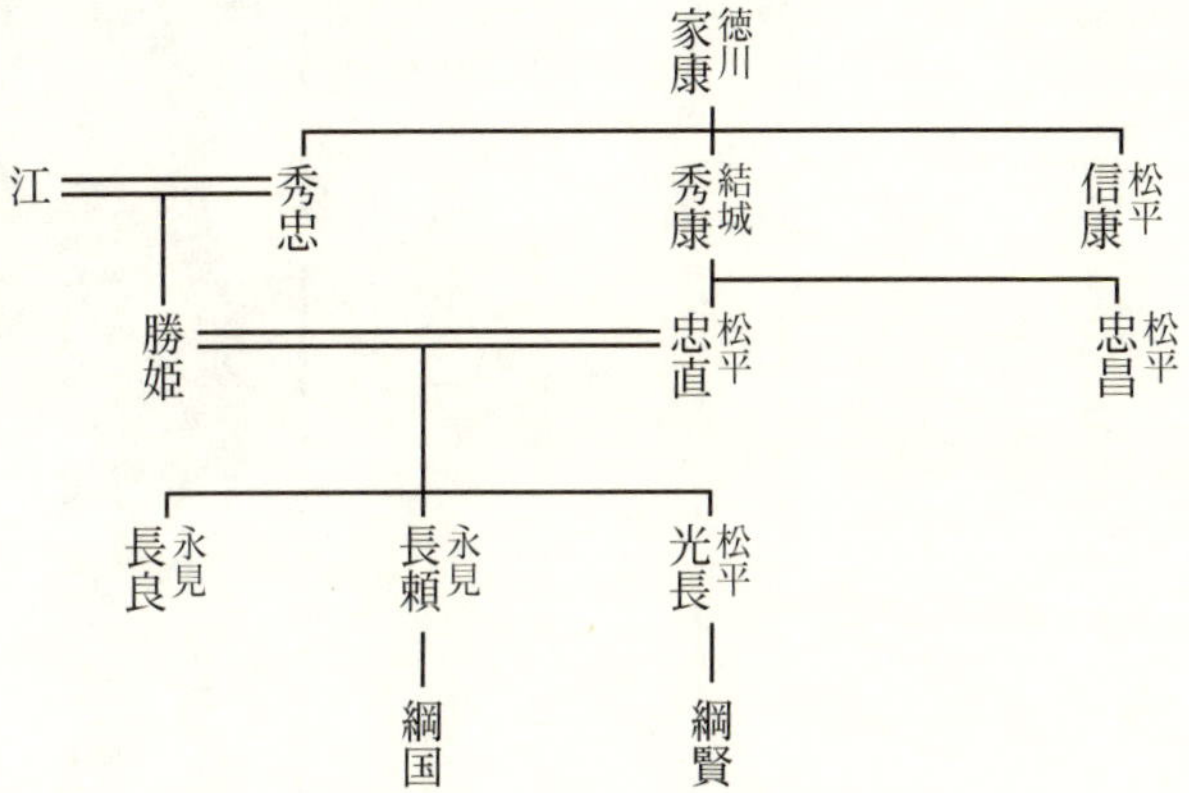

秀康にはじまり、忠直、光長へと続く。光長の時代に御家騒動で改易となった。

蟄居処分となり、綱国は福山藩に配流された。

騒動の処理にかかわった越前松平家の一門にも処罰が下され、騒動の処理に奔走した広瀬藩主の松平近栄《まつだいらちかよし》は3万石から1万5000石へ減封、姫路藩主の松平直矩は15万石から8万石を減らされ、日田藩へ転封された。

光長は1687（貞享4）年に幕府から「越後騒動は家臣のせいで、光長本人に過失はない」として赦免され江戸に戻った。1697（元禄10）年に隠居した。その翌年、養子が10万石の大名に復帰している。

光長は改易されるまでは父・忠直と同じ運命だったが、老いてから罪を許されたのはせめてもの救いだったのではないだろうか。

城郭修理・外

本多正純はハメられた？「宇都宮城釣天井事件」の闇

徳川家康の懐刀《ふところがたな》といわれた本多正信の子として生まれ、家康に重用された本多正純《ほんだまさずみ》。家康没後は2代将軍・秀忠に仕えたものの、政敵が多かった。

そんな正純は1619（元和5）年、3万3000石から15万5000石へ大幅に加増され、宇都宮藩（現在の栃木県）の藩主の座に就いた。加増は家康の遺命である。しかし、それで周囲の恨みを余計に買ってしまったという。

その3年後、正純は宇都宮城の無断修理や鉄砲の秘密製造など多くの謀反の嫌疑をかけられ、由利《ゆり》（現在の秋田県）5万5000石への減封を命じられた。正純がこれを拒み、身の潔白を訴えたことに秀忠は激怒。本多家の領土は没収され、正純は長男とともに由利へ流罪。その後、横手城の一角に13年間も幽閉され、73歳で没するという悲惨な晩年を送ったとされる。

どこで起こった？

正純改易をめぐる騒動は「宇都宮城釣天井事件」と呼ばれている。宇都宮城の秀忠専用の寝室に釣天井を仕掛け、圧死を画策したとする嫌疑だ。しかし、本当に謀反や将軍暗殺の企図があったとすれば、所領の没収では済まない。正純は切腹どころか、磔《はりつけ》になるべきほどの重罪を犯したことになる。はじめはただの減封処分であったことからも、濡れ衣であったと考えられている。

宇都宮城釣天井事件は、正純の失脚を狙う者たちの策略だったとする見方が濃厚だ。そのひとりは、正純の宇都宮城の移転にともない、古河《こが》藩（現在の茨城県）に転封させられた奥平忠昌《おくだいらただまさ》の祖母・亀姫（家康の長女、秀忠の姉）だ。「宇都宮城の普請には不備がある」と秀忠に密告し、日光東照宮への参拝の帰りに宇都宮城に寄るルートを変更させていた。

しかも、亀姫の四女は正純の父に失脚させられた大久保忠隣の息子・忠常《ただつね》に嫁いでおり、亀姫は以前より正純親子を激しく恨んでいたといわれている。

秀忠も自分の意に沿わない正純を敬遠していたようだ。さらに、秀忠の側近である土井利勝や酒井忠世《さかいただよ》、井上正就《いのうえまさなり》らは、父子で長年権勢をふるい、先代家康の遺命で宇都宮藩主に加増された正純に嫉妬していたともいわれている。

彼らが正純の失脚を狙っていたのだとすれば、正純が身に覚えのない罪を認めても、認めなくても改易させられていたのかもしれない。

武蔵国▼上総国

美少年趣味にはまっていた家光に忠告したら減封された青山忠俊

徳川秀忠に幼少のころから仕えていた青山忠俊《あおやまただとし》は、１６０７（慶長12）年に秀忠の次男・家光の補導役（教育係）に命じられた。

秀忠の跡継ぎ候補は２人いた。秀忠とその正室であり家光の母・江《ごう》は、病弱で吃音の家光を嫌い、弟で容姿端麗の忠長を溺愛した。忠俊はそんな境遇にあった家光に深い愛情を注ぎ、厳しく教育した。家光が不満を口にしようものなら、自分の刀を床に置き、「言うことを聞き入れぬなら、この青山の首をはねてから、好きなようになされよ」と迫ったと伝えられている。

母に疎まれて育った家光は、女性不信に陥っていた。そのためか、青年期には美少年趣味に走り、小姓《こしょう》たちとの男色にのめりこんだという。歌舞伎にも興味を示し、あるとき、派手な羽織を着て鏡を見ながら化粧していた家光を見つけた忠俊は、「これから天下を治

どこに移動した？

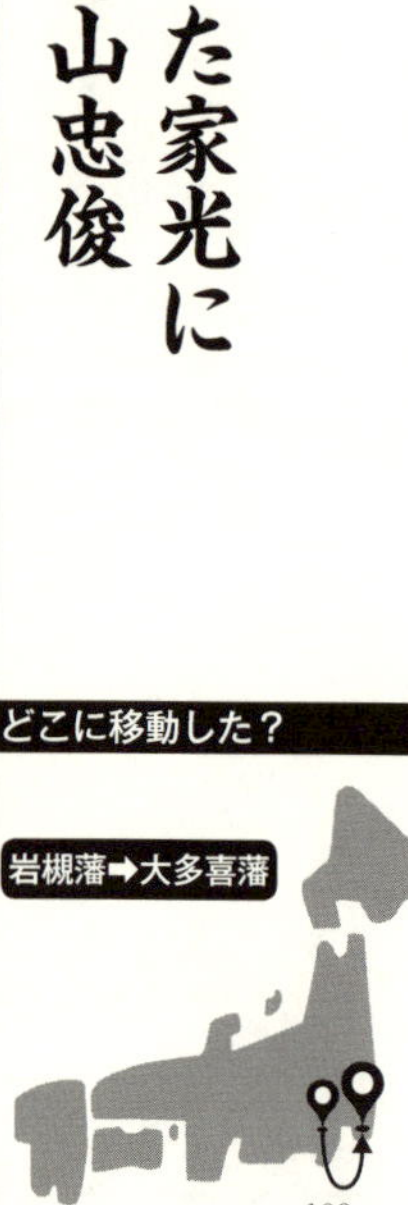

めようという人が、そんなことをしていたら国の乱れになりまする」と家光に苦言を呈したという。

忠俊は1613（慶長18）年に江戸崎藩（現在の茨城県）の藩主の座に就き、その後、岩槻《いわつき》藩（現在の埼玉県）の藩主となった。

1616（元和2）年、大御所だった家康が死去し、秀忠が本格的に執政を行なうようになると、忠俊は老中に就任した。こうして補導役ではなくなったあとも、家光のことを気にかけてさまざまに意見していたという。

ところが、1623（元和9）年に家光が3代将軍となった直後、忠俊は大多喜《おおたき》藩（現在の千葉県）への転封を命じられた。理由は家光の勘気をこうむったからだという。家光は口うるさい忠俊をずっと疎ましく思っていたようだ。

すると、忠俊は大多喜藩の領地を返上し、網戸《あみと》（現在の千葉県）を経て、上溝《かみみぞ》村（現在の神奈川県）で蟄居した。1632（寛永9）年に家光は忠俊を赦免し、ふたたび幕閣に迎えようとした。しかし忠俊は「もうお役に立てませぬ」と固辞し、今泉村（現在の神奈川県）で隠居し、66歳で生涯を終えた。

のちに家光は忠俊の長男・宗俊《むねとし》に「若気の至りで、忠俊の心がわからず罰してしまった。深く後悔している」と話したという。

子送国・外

清正の跡を継ぐも、はっきりしない理由で改易させられた加藤忠広

どこで起こった？

豊臣秀吉に仕えて戦功をあげた加藤清正は、秀吉没後に家康に近づく。関ケ原の戦いでは東軍に味方し、九州で転戦して大きな戦果をあげた。戦後の論功行賞により、54万石を領する熊本藩の初代藩主となった。その清正の三男が忠広《ただひろ》だ。

ふたりの兄が早くに亡くなったため忠広が跡継ぎとなり、清正の死去にともなって1611（慶長16）年、11歳で熊本藩主となる。忠広が幼少だったので、熊本藩は幕府の管理下に置かれ、5人の家老が忠広を支える幕政体制がとられた。

1632（寛永9）年、2代将軍・秀忠が亡くなった直後、忠広は江戸へ出向くよう命じられる。ところが、品川宿まで来たのに江戸入りは許されず、池上本門寺で待機を命じられた。やがて領地没収の沙汰が届き、改易処分となったのだ。忠広は庄内藩（現在の山形県）の預かりとなり、その長男の光広《みつひろ》は高山藩（現在の岐阜県）の金森家に預けられる

加藤家の改易にともなう転封

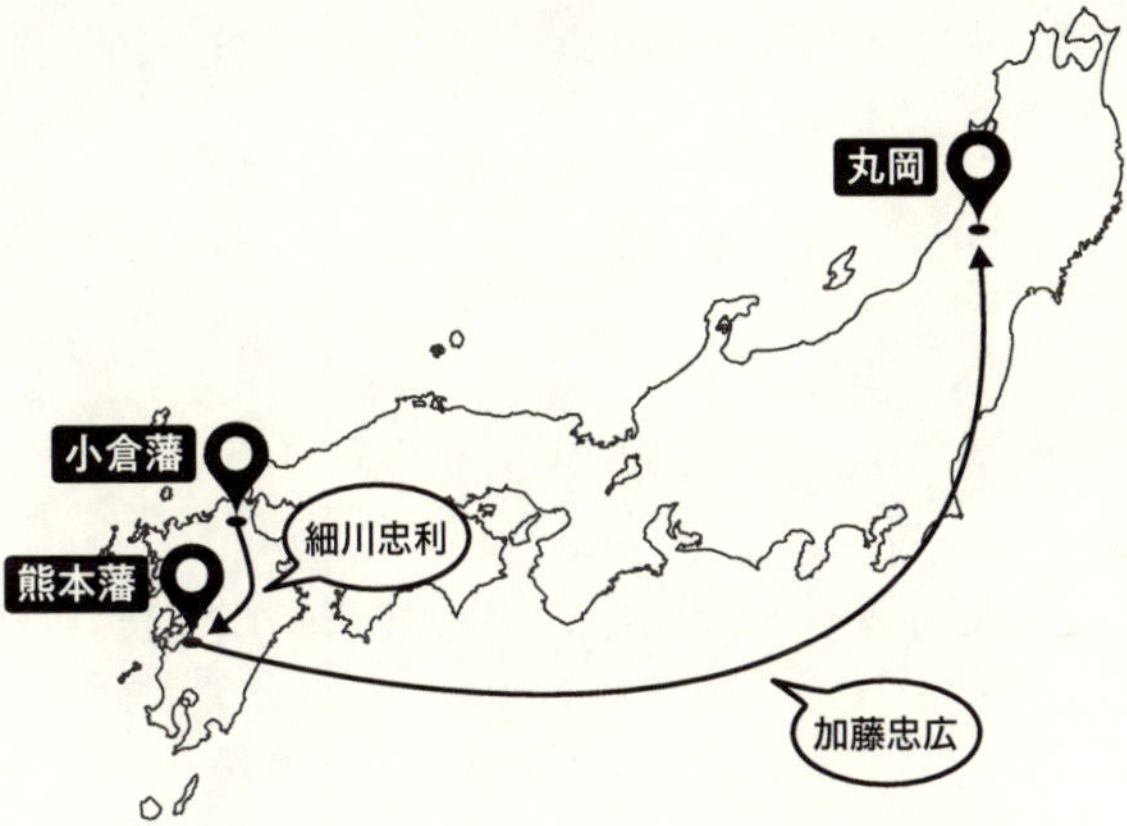

忠広が改易になって以降の熊本藩は、幕末まで細川家が治める。

ことになった。突然の改易に藩士や領民は驚いたという。

改易の理由は諸説ある。忠広が母子を幕府に無断で江戸から熊本へ呼び寄せたことが武家諸法度に違反したという説のほか、光広が諸大名の名前を記した謀反の連判状をつくって幕臣をからかったことへの処罰とする説もある。

また、幕府が旧豊臣系を一掃し、徳川の天下を不動のものにするためとする説もある。

加藤家の改易にともない、小倉藩（現在の福岡県）の細川忠利が熊本藩へ転封となり、旧領を引き継いだ。

一方、忠広はその後、丸岡（現在の山形県）に1代限りの1万石の所領を与えられ、53歳で亡くなるまで静かに過ごしたという。

島原・天草一揆

島原の乱の原因をつくった責任を問われた松倉勝家

島原藩（現在の長崎県）の初代藩主・松倉重政《まつくらしげまさ》と、その長男で2代藩主・勝家は父子で悪政を行ない、領内に多かったキリシタンを厳しく弾圧して「島原の乱」の原因をつくったことで知られている。

重政は4万3000石の大名として分不相応な規模の島原城を新築したことから、その費用を工面すべく、領民から搾取するようになる。独自に検地を実施し、領内の石高を10万石と過大に見積もり、領民から過重な年貢を取り立てたのだ。さらに、幕府の政策に従ってキリシタンへの徹底的な弾圧をはじめた。顔に「吉利支丹」という文字の焼きごてを押したり、指を切り落としたりするなどの拷問を行なったという。

1630（寛永7）年に重政が死ぬと、跡を継いで藩主になった勝家も容赦なく年貢を取り立てた。年貢を納められない農民や庄屋から、妻や娘を人質に取り、年貢が完納でき

どこで起こった？

なければ水牢で責めた。

１６３７（寛永14）年には、臨月だというのに水牢に入れられた領民が水中で出産し、子どもともに絶命する事件が発生。亡くなった妊婦がキリシタンであったことから、キリシタンを中心とした領民が集まって圧政への不満を爆発させ、代官を殺害した。これをきっかけに各地で領民が蜂起し、島原の乱がはじまったのである。

領国経営の失敗のみならず大規模な反乱を招いた罪は大きく、勝家は島原の乱の責任を問われて改易。津山藩（現在の岡山県）の藩主・森長継《もりながつぐ》にいったん預けられたのち、乱の原因をつくった不行跡《ふぎょうせき》がとがめられ、斬首刑に処せられた。大名が罪人と同じ斬首刑に処せられたのは、江戸時代を通して勝家ひとりだ。島原の乱の被害の大きさに鑑みれば、やむを得ない厳罰だったといえよう。

同じく領民への過酷な年貢の取り立てとキリシタン弾圧を行ない、失政の責任を問われた唐津藩（現在の佐賀県）の藩主・寺沢堅高《てらさわかたたか》は、天草４万石を没収された。堅高には跡継ぎがいなかったため、寺沢家は断絶。堅高は、１６４７（正保４）年に自害した。

その後の島原藩には、家光の命を受けて浜松藩主の高力忠房《こうりきただふさ》が入った。忠房は家光の期待に応え、乱後で混乱していた島原の領民に対して、１年間の年貢免除や移民政策を採用して島原の復興に尽くした。

内紛
美少年趣味にふけっている間に、御家騒動が激化して領土没収

生駒《いこま》高俊《たかとし》は1621（元和7）年、父で高松藩主・正俊《まさとし》の死去にともない、家督を相続し、11歳で藩主となった。若年であったため、母方の祖父・藤堂高虎（津藩藩主）が後見することになる。高俊は1633（寛永10）年、23歳のとき、老中・土井利勝の娘を正室に迎えた。幕府の重鎮である高虎と利勝を後ろ盾にして、前途洋々のスタートであった。

高松藩では、家老の生駒将監《いこましょうげん》（正俊の妹婿）とその子・帯刀《たてわき》が藩政を掌握していたので、高虎は彼らの影響力を抑えるため、みずからの家臣である前野《まえの》助左衛門《すけざえもん》と石崎若狭《いしざきわかさ》を高松藩の家老に送り込んだ。これがのちに御家騒動の火種となる。

高虎が亡くなると藤堂家は息子の高次が跡を継ぎ、生駒家の後見も引き継いだ。やがて助左衛門と若狭は高次の意向を背景に権勢をふるい、将監と対立するようになる。一方、高俊は美少年趣味にはまり、美少年に女装させて踊らせる遊びに興じていた。参勤交代に

どこで起こった？

まで女装の美少年たちを連れていったというから、ずいぶんな若殿だったようだ。将監はそんな高俊を何度も注意した。しかし、高俊は聞く耳をもたなかったため、将監は高俊が寵愛する小姓を殺害したと伝えられている。

やがて将監が亡くなって帯刀が跡を継ぐと、前野派が藩政を牛耳るようになる。増長した前野派と帯刀を中心とする生駒派の対立は深まり、家中は乱れた。たまりかねた帯刀は１６３７（寛永14）年、江戸に出て前野派の専横を高次に訴えた。訴状に驚いた高次は、一大事だと判断して助左衛門と若狭を叱責し、以後は専横を慎むよう誓わせたという。

ところが、前野派と生駒派との争いは収まることなく、むしろ激化した。高次はこのままでは生駒家が取りつぶしになると考え、喧嘩両成敗で決着をつけようとして、助左衛門、若狭、帯刀らに切腹を申しつけた。ところが、帯刀派の家臣が不満を抱いて高俊に帯刀の命を助けるよう訴えた。このとき、高俊は御家騒動が起こっていたことをはじめて知ったという。このころ高松藩では前野派の約２０００人が武装し、高松藩を立ち退《の》く大騒ぎが起こった。こうした一連の御家騒動を「生駒騒動」という。

ついに高次は匙を投げ、幕府は大老・酒井忠勝のもとで再審議をすることを決定。１６４０（寛永17）年、高俊は騒動の責任を問われ、所領没収のうえ、矢島藩（現在の秋田県）への流罪に処され、その後20年間、矢島でひっそりと暮らした。

法令違反

池田輝興の改易は、突然発狂して妻を斬殺したから

池田輝興《いけだてるおき》の父は52万石の姫路藩初代藩主・池田輝政、母は徳川家康の次女・督《とく》姫だ。輝興は家康の外孫にあたることから、松平の苗字も与えられた。

輝興の上には5人の兄がいた。輝政の長男・利隆《としたか》は父の死後に家督を継いで姫路藩2代藩主となる。次男・忠継《ただつぐ》は岡山藩初代藩主、三男・忠雄《ただかつ》は岡山藩2代藩主、四男・輝澄《てるずみ》は山崎藩（現在の兵庫県）初代藩主、五男・政綱《まさつな》は赤穂《あこう》藩（現在の兵庫県）初代藩主だ。

1615（元和元）年、輝興は死去した忠継の遺領のうち、播磨（現在の兵庫県）の一部の領地2万5000石を分与され、平福《ひらふく》藩（現在の兵庫県）の藩主となる。このときまだ4歳だったため、藩政は家臣団が行なった。

1626（寛永3）年、福岡藩の初代藩主・黒田長政の三女・亀子姫を正室に娶る。元服してからの輝興は、さまざまな法令を発して領民の生活の安定に貢献した。やがて

どこで起こった？

1631（寛永8）年に政綱が亡くなり、転機が訪れる。跡継ぎのない赤穂藩の池田家はいったん改易されるも、幕府は輝興を赤穂藩2代藩主に任じたのだ。

赤穂藩主となった輝興は検地をはじめ、上水道や城下町の整備を進めた。行動力に長けた、すぐれた藩主だったようだ。

ところが、1645（正保2）年、輝興は突然乱心し、亀子姫と侍女数名を斬殺するという事件を起こす。理由は定かではない。亀子姫を殺害したのは、52万石の領地をもつ福岡藩出身の姫に負い目があり、恨んでいたからという説もある。

輝興は乱心を理由に改易され、甥で岡山藩主の池田光政《いけだみつまさ》（利隆の長男）の預かりとなった。預かりですんだのは、やはり家康の外孫にあたるからだろうか。その2年後、輝興は岡山で37歳で亡くなった。死因は不明だ。

赤穂藩には新たに笠間藩（現在の茨城県）の藩主・浅野長直《あさのながなお》が転封された。長直は豪壮な赤穂城を築城したうえで、城下町を整備。さらに塩田開発を奨励して塩を製造し、赤穂藩の経済は潤《うるお》った。

なお、江戸城の松の廊下で事件を起こして改易になるのは、長直の孫にあたる長矩だ。

世嗣断絶

関東の雄・後北条家が、徳川家ゆかりの地に封じられたワケ

北条氏重《ほうじょううじしげ》は、武田家家臣を経て徳川家康の家臣となった、保科正直《ほしなまさなお》の四男として誕生した。実母が家康の異父妹なので、氏重は家康の外甥《がいせい》にあたる。長兄の正光《まさみつ》は高遠《たかとお》藩（現在の長野県）初代藩主、三男の正貞《まささだ》は飯野《いいの》藩（現在の千葉県）初代藩主だ。

1611（慶長16）年、氏重が6歳のとき、後北条の一族である北条氏勝《ほうじょううじかつ》の養子となり、1万石の岩富《いわとみ》藩（現在の千葉県）を継いだ。氏重が養子に選ばれた理由は、家康の外甥だったからだといわれている。

養父となった氏勝の祖先をたどっていけば、戦国大名の先駆けで後北条氏の祖・北条早雲にたどりつく。そのため氏重は養子とはいえ、後北条家の一門ということになる。

氏重はその後、富田《とみた》藩（現在の栃木県）、久野《くの》藩（現在の静岡県）と続けて転封される。石高が増えたのは関宿《せきやど》藩（現在の千葉県）の藩主になったときで、ようやく2万石となる。

どこで起こった？

氏重にかかわる家系図

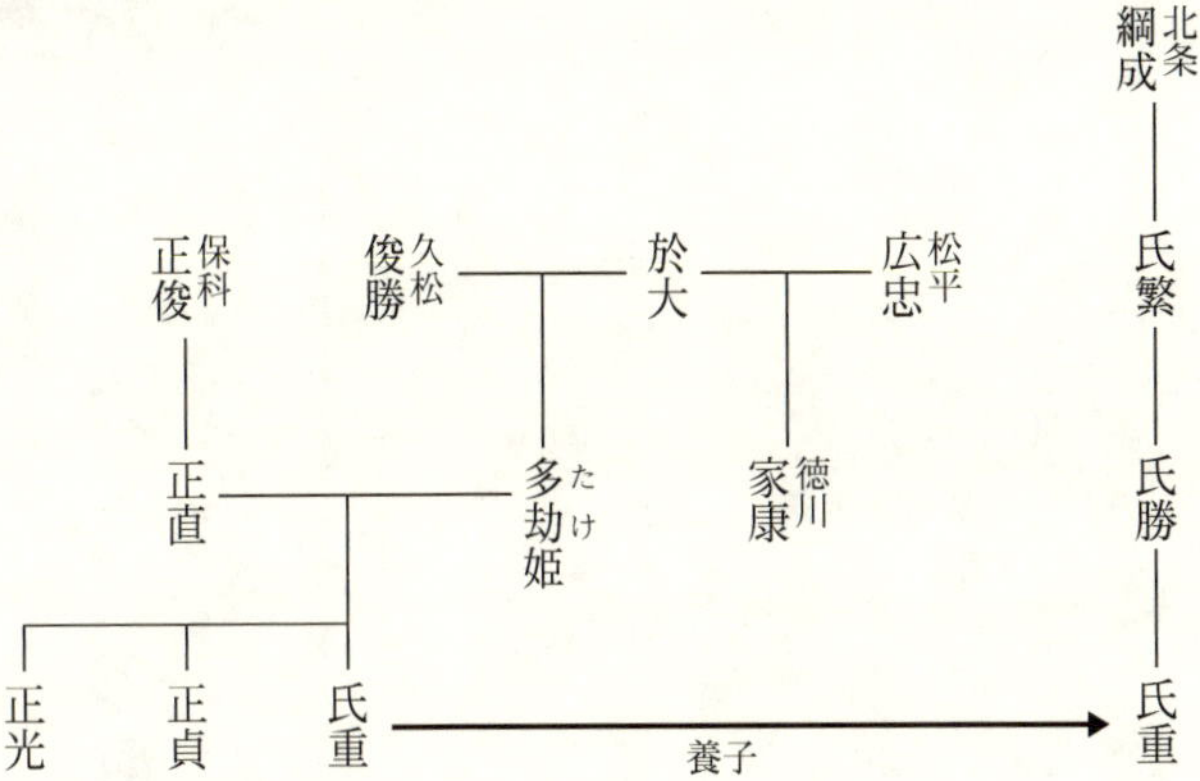

氏重は後北条家の血筋は引いておらず、徳川家の血筋だった。

前任の松平忠晴が田中藩（現在の静岡県）から掛川藩（現在の静岡県）に移ったため、氏重が田中藩に入り、２万５０００石に加増される。

最後は１６４８（慶安元）年、掛川藩３万石の藩主に落ち着いた。掛川藩はもともと徳川家の所領で、めまぐるしく領主交代が続いてきた譜代藩だ。

掛川藩主としての氏重には、これといった大きな成果も失敗もない。ただ５人の子どもがすべて女子だった。

氏重は１６５８（万治元）年、64歳で死去する。跡継ぎがいなかったため、北条家は改易となった。生前、元気なうちに養子を迎えておかなかったことが、氏重の最大の失敗といえよう。

父子による訴訟

親子ゲンカと村の取りつぶしで、家も取りつぶしになった京極高国

京極家は鎌倉時代から続く名家だ。豊臣秀吉と徳川家康に仕えた京極高知《きょうごくたかとも》は関ケ原の戦いで戦功をあげて飯田《いいだ》藩（現在の長野県）から宮津藩（現在の京都府）に加増転封され、京極丹後守と称して丹後一国を治めた。

1622（元和8）年に高知が没すると、丹後京極家の領地12万3000石は3分割され、京極一族が相続した。高知の次男・高広が7万8000石を領する宮津2代藩主、三男・高三《たかみつ》が3万5000石を領する田辺藩（現在の京都府）の藩主、甥で婿養子の高通《たかみち》が1万石を領する峰山《みねやま》藩（現在の京都府）の藩主となった。

高広は宮津城を築城し、城下町の整備を進める。しかし、悪政に耐えかねた領民が藩外へ逃散する事件が起こるなど、政治能力に欠ける人物だった。領民の非難を受け、1654（承応《じょうおう》3）年に長男・高国に家督を譲って宮津城下で隠居した。

どこで起こった？

ところが、高広と高国はもともと不和だったことに加え、隠居した高広が藩政に介入したことで親子は激しく対立する。さらに高国は、年貢を納められない村を取りつぶしてしまう。悪政を敷いて藩と領民に大きな損害を与えたという点だけみれば、ふたりは似たもの親子だったようだ。

高広は高国を藩主の座から引きずりおろし、代わりに次男・高勝を藩主に立てようともくろみ、なんと高国の悪政を幕府に訴えたのだ。これを受けて幕府は1666（寛文6）年、失政と親子不和を理由に高国に改易を申し渡した。親子ゲンカと村の取りつぶしで改易させられたのは、後にも先にも高国しかいない。

高国は盛岡藩主・南部重信《なんぶしげのぶ》に預けられ、蟄居となった。ただし扶助料（生活費）として3000石を与えられたという。その後、1675（延宝3）年に盛岡で他界した。享年60歳。一方、高広は京都で閑居し、79歳で亡くなった。

高国は伊達政宗の四女・千菊姫《せんぎく》との間に4男2女をもうけていたが、改易にともない息子たちも諸大名の預かりとなった。名家とはいえ、高国の子孫で大名に復帰した者はおらず、全員が旗本となった。

なお、宮津藩はいったん幕府直轄となったのち、1669年に淀《よど》藩（現在の京都府）より永井尚征《ながいなおゆき》が転封してきて藩主となった。以後、譜代大名が続くことになる。

発狂

夫婦ゲンカがヒートアップ。幕府に知られて改易された水野元知

水野《みずの》元知《もととも》は1664（寛文4）年、父で安中《あんなか》藩（現在の群馬県）の藩主・元綱《もとつな》の隠居にともない家督を継いだ。

当時の安中藩の石高は2万石。一方、元知の正室は、5万石を領する岡崎藩（現在の愛知県）の藩主・水野《みずの》忠善《ただよし》の娘だ。正室はもともと激しい気性でプライドが高く、さらに実家が元知の水野家より格上だったことから、普段から元知にきつく接していたようだ。元知はそんな正室を怖れ、参勤交代で江戸に出向いたさいも、江戸屋敷に暮らす正室と会おうとしなかったといわれている。

やがて元知は、正室に黙って安中城で側室をもうける。跡継ぎをもうけるためでなく、心の平安を側室に求めたのだろう。もともと奥女中で低い身分であった八重という女性を寵愛し、国許に帰るたびに八重と親密な時間をもったという。

どこで起こった？

そのことを知った正室は「私という立派な身分の正室がいながら、卑しい下女に手をつけるなど許せない」といった具合に怒り狂い、嫉妬にかられ、八重の殺害を計画する。といっても正室は江戸屋敷に住んでいるので、国許にいる八重に直接手を下すことはできない。そこで、安中藩に出入りしている医師に手紙を書き、八重を殺害するよう命じた。

医師は安中城へ出向き、元知の布団に針を仕掛けたうえで「側室の八重が殿の命を狙っている」と大騒ぎした。その後、きちんとした取り調べをすることなく八重を箱に詰め、生きたまま城の沼に沈めて殺害したという。まるで怪談話のような展開ではないか。

側室がいなくなったことで正室の怒りが収まったかといえば、そうではなかった。今度は江戸屋敷を訪れた元知を懐刀で斬りつけたのだ。元知が応戦し、もみ合っているうちに2人とも重症を負うという惨事に発展。その直後、元知は自害を図ったものの、失敗したといわれている。

重臣たちは単なる夫婦ゲンカとして見過ごせず、「藩主が乱心して正室を斬りつけた」と幕府に届け出た。これを受けて幕府は1667（寛文7）年、身辺調査をしたうえで、乱心を理由に元知に改易を命じ、元知は松本藩主・水野《みずの》忠職《ただもと》に預けられた。

また、正室は長男・元朝《もととも》とともに、その父・忠善に預けられた。元知は1680（延宝8）年、37歳で死去する。死因はわかっていない。

刃傷沙汰

犬猿の仲の大名を斬り殺し、改易させられた内藤忠勝

内藤忠勝《ないとうただかつ》は1673（寛文13）年、実父である鳥羽藩（現在の三重県）2代藩主・忠政の死去にともない、家督を相続して藩主の座に就いた。内藤家は譜代の名門で、数家が大名になっている。

改易につながる事件が起こったのは、1680（延宝8）年のこと。4代将軍・家綱が亡くなり、芝（現在の東京都）の増上寺で法要が行なわれたさい、忠勝と宮津藩主・永井《ながい》尚長《なおなが》は出口勝手門の警備の奉行に命じられた。

忠勝と尚長の江戸屋敷は隣どうしで、年齢もひとつしか違わないので親しくなっても不思議ではない。ところが、ふたりは日ごろから仲が悪かった。忠勝はもともと短気な性格であった。一方の尚長は大老の酒井忠清に気に入られて、幕閣の出世コースを歩んでいたこともあり、つねに高慢な態度で周囲に接していたという。

将軍の法要は幕府の重要な儀式であり、奉行の地位としては尚長が上なので、忠勝はその指示に無条件で従わなければならない。立場を利用し、尚長は傲慢な態度で、何度も忠勝を侮辱したという。

当日は午後から雨が降り、身分の高い僧侶が帰るさいに多くの傘が必要になった。傘の用意は内藤家がしなければならなかったものの、その日は朝から晴天だったため、忠勝の家臣はその準備を怠っていた。忠勝の家臣が近くの大名屋敷で傘を借りるために奔走していたところ、尚長が現われ、「傘なら永井家が用意している」とあざ笑いながら告げた。そして、忠勝の無能ぶりを非難した。忠勝は屈辱に身を震わせたといわれている。

法要が終わったのち、老中から受けた翌日の指示を記した奉書を席次一位の尚長がまず読み、次は忠勝に手渡すべきところ、尚長は別の奉行に渡す。忠勝がその奉書を自分に渡すよう尚長に要求しても、尚長はそれを無視した。

その直後、忠勝は脇差を抜いて尚長を斬りつけ、殺害したのだ。忠勝は拘束され、切腹を命じられた。享年26歳。跡継ぎのいなかった内藤家は御家断絶の処分を受けた。なお、忠勝はのちに、松の廊下で刃傷事件を起こす赤穂藩主・浅野長矩の叔父にあたる。

尚長にも跡継ぎがなく、事件の事情から改易となった。しかしその後、弟の直圓《なおみつ》が1万石を与えられて大和新庄藩《やまとしんじょう》（現在の奈良県）の藩主となり、永井家は大名として復活した。

職務怠慢・失政

領民の直訴により幕府に悪政がバレて改易された真田信利

沼田藩（現在の群馬県）は1658（明暦4）年、松代《まつしろ》藩（現在の長野県）から分離独立し、真田《さなだ》信利《のぶとし》を藩主として立藩された。沼田藩の基礎をつくったのは、信利の祖父にあたる真田信之《のぶゆき》だ。信之は上田藩（現在の長野県）と松代藩の初代藩主を務めている人物だ。沼田領は代々、真田家が治めており、信利は5代目にあたる。

信利が藩主になったころの沼田藩の石高は3万石だった。ところが、信利は1662（寛文2）年に検地を実施し、領地の石高を14万4000石と偽って幕府に申告したうえで城郭の修理や江戸屋敷の新築を行なうなど、分不相応な贅沢をした。

過大申告した石高と実際の石高の差額や過大な出費を補うために、信利は領民に過酷な年貢の取り立てを実施した。その結果、多くの領民が餓死したといわれている。これらのことからわかるように、信利は暴君だった。

どこで起こった？

1680(延宝8)年、江戸は台風と地震が重なり、大きな被害を受けた。信利は大破した両国橋の改修のための用材調達を幕府から請け負う。この普請の話は、以前から取引のあった材木商を通じて信利の家臣に持ち込まれたものだった。家臣は困窮している藩の財政を補うために、信利の許可を得て受注したのだ。

必要な用材は694本で、そのうち30本はケヤキと指定されていた。しかも長くて太い丸太という条件がついており、これらすべてを沼田藩内で切り出すことになった。ところが、納期が短いうえに、この年は大飢饉が沼田藩を襲い、満足に食事をとっていない領民たちは十分に働くことができなかったという。こうして領民の協力が得られず、さらに折からの台風で川が氾濫して用材が流されたこともあり、納期日に間に合わなかった。

悪政と飢餓により、領民たちの我慢も限界を超える。惨状を見かねた領民代表の杉木茂《すぎきも》左衛門《ざえもん》が江戸に出向き、幕府に直訴状を届けた。茂左衛門の行動により、直訴状は5代将軍・綱吉の手に渡り、信利の悪政が明るみになる。

幕府は両国橋の用材調達が遅れたことと、領民を餓死させるような悪政を行なったことを理由に、信利に改易を命じた。信利は山形藩主・奥平昌能《おくだいらまさよし》、長男の信音は赤穂藩主・浅野長矩に預けられた。一方、直訴した茂左衛門は帰郷したところを、直訴の罪で捕らえられ、妻子とともに磔《はりつけ》にされたという。

発狂

幕府を批判する学者を預かったせい？乱心を理由に改易された松平忠之

松平忠之《まつだいらただゆき》は1686（貞享3）年、父・信之が病死したため、13歳で家督を継いで古河《こが》藩（現在の茨城県）の藩主となった。

信之が明石藩（現在の兵庫県）の藩主だったころ、幕府の命令により陽明学者の熊沢蕃山《くまざわばんざん》を預かった。信之は蕃山の指導を受けて治山・治水や干拓事業を行ない、成果をあげる。忠之も父同様、蕃山を信頼し、傾倒していった。

蕃山は陽明学を重んじていた岡山藩主・池田光政に仕え、洪水や大飢饉のさいには光政を補助し、領民を救済した。また、農業政策に役立つ実学も身につけており、治山・治水など土木事業推進して土砂災害を軽減した。

ところが、当時の幕府は朱子学を重んじ、陽明学を敬遠していた。藩内には蕃山が進める藩政改革に否定的な家老もいたことから、蕃山は岡山を出て京都で私塾を開いた。やが

どこで起こった？

て幕府の監視が厳しくなると、京都から奈良へ転居するなど各地を転々とした。

蕃山は幕府の中央集権政策に反対の立場であり、参勤交代の廃止や浪人の救済に言及した書物を著したことから、幕府に危険思想者とみなされる。そして、明石藩主・松平信之に預けて監視するよう命じたのだった。信之は1685（貞享2）年、明石藩主から古河藩主へと転封となったさいも蕃山を連れて行った。1687（貞享4）年には、幕府の命令より忠之は蕃山を幽閉したものの、恩師として敬う気持ちに変化はなかったようだ。

1691（元禄4）年、蕃山は古河城で死去する。その2年後の1693（元禄6）年、老中・戸田忠昌《とだただまさ》の使者が江戸の古河藩屋敷を訪ね、忠之と面会したさい、忠之はただならぬふるまいをしたという。その日の夜、忠之は小刀で自分の髷《まげ》を切り落としてしまった。心を病んでいたせいで突発的にそのような行動を取ってしまったのか、乱心のふりをしたのかは定かではない。

忠之の乱心は家臣から幕府に報告され、忠之は改易処分となった。それでも親藩であったことから松平家は取りつぶされず、弟の信通《のぶみち》が家督を相続した。信通は興留藩《おきどめ》（現在の奈良県）の藩主から庭瀬藩《にわせ》（現在の岡山県）の藩主となり、忠之は信通に預けられた。それでも忠之は江戸の屋敷で暮らし、1695（元禄8）年、22歳の若さで死去。死因ははっきりしていない。

世嗣断絶

藩主が22歳、7歳と若くして死去。御家断絶となった郡上藩

郡上《ぐじょう》藩（現在の岐阜県）は、関ケ原の戦いの前哨戦で東軍として戦功をあげた遠藤慶隆《えんどうよしたか》が初代藩主となり、1600（慶長5）年に立藩された。石高は2万7000石である。以後、慶隆の養子・慶利《よしとし》が第2代藩主、慶利の長男・常友《つねとも》が3代藩主となった。その後、常友の死去にともない、常友の次男・常春《つねはる》が1676（延宝4）年に11歳で家督を継ぐ。当時、郡上藩は財政が悪化しており、それを解決するため増税策が採用された。

しかし、もともと重税であったことから領民の代表が江戸屋敷に出向き、重税による生活苦を訴えたという。そこで増税を主張する家老派と、棒禄削減を主張する家老派が対立。江戸に出向いて両派が幕府に説明し、最終的に後者が選ばれた。

すると藩内では高禄の家臣らの不満が高まり、棒禄削減派の家老の娘婿を襲撃しようした藩士が捕らえられる事件が起こった。その家老を擁護する領民が城下に集まり、一揆に

どこで起こった？

発展。家老が責任を取って隠居したものの、遠藤家の派閥抗争と、領民の混乱はしばらく続いた。

さらに1689（元禄2）年、常春が22歳の若さで死去。家督をめぐって側室に毒殺されたという説があるが、真相は定かではない。家督を継いだのは、常春の長男で、当時3歳の常久《つねひさ》だった。ところが、常久も1693（元禄6）年、疱瘡により7歳で死去する。一説には、死因は家臣による毒殺だったともいわれている。家臣が自分の子どもを藩主に擁立しようと暗躍し、常久を殺害したというのだ。ただし、その家臣が毒殺の処罰を受けたという記録は残っていない。

常久には兄弟がいなかったため、遠藤家は御家断絶となり、改易された。常春、常久と2代にわたって謎の死を遂げたのは何かの因果だろうか。

なおその後、郡上藩には、笠間藩（現在の茨城県）から井上正任《いのうえまさとう》が転封された。

御家断絶となった遠藤家だったが、慶隆の功績が考慮され、特別な手立てが取られた。遠藤家とは無関係の5代将軍・綱吉の側室・お伝の方（瑞春院）の妹と、旗本・白須正休《しらすまさやす》の間に生まれた長男を、遠藤家親族の大垣新田藩《おおがきしんでん》（現在の岐阜県）の藩主・戸田氏成の養子としたうえで、遠藤家の養子としたのだ。その養子を胤親《たちちか》と名乗らせ、1万石を与えて大名としての遠藤家の再興を認めたという。

功臣の子孫の転封

「徳川四天王」の子孫であっても、意外と転封されていた

村上藩（現在の新潟県）初代藩主・本多忠孝《ほんだただたか》の祖先は「家康に過ぎたる者」と称された徳川四天王のひとり、本多忠勝にいきつく。忠孝はその7代目だ。

忠孝の父・忠国《ただくに》は水戸藩初代藩主・徳川頼房《とくがわよりふさ》の孫で、2代藩主・光圀《みつくに》の甥にあたる。忠国は1682（天和2）年、15万石を領する姫路藩主となった。1704（宝永元）年に亡くなると、三男の忠孝が家督を相続した。忠孝はこのとき6歳と若く、西国の要である姫路は荷が重いとされ、村上藩に転封される。ところが、忠孝は1度も村上城に入城しないまま、1709（宝永6）年に12歳という若さで亡くなってしまう。

本来なら忠勝に連なる本多家は断絶となるところ、忠勝以来の名家であることを幕府が考慮して、分家筋の本多忠良《ただなが》に家督を相続させた。ただし、藩主の死去後に急いで養子を認めたため、忠良は相続後まもなく10万石に減封されたうえで、村上藩から刈谷藩（現在

の愛知県）へ転封となった。

掛川藩（現在の静岡県）3代藩主・井伊《いい》直朝《なおとも》も名家の出身だ。祖先をたどれば、徳川四天王のひとりで「井伊の赤鬼」の異名をもつ井伊直政にいきつく。直政の長男が直勝、その長男が直好《なおよし》だ。直好は掛川藩の初代藩主で直朝の祖父にあたる。

掛川藩の井伊家は直好、直武《なおたけ》と続き、1694（元禄7）年に15歳の直朝が家督を継いだ。直朝は物事の是非を判断する能力が欠けていたといわれており、それが思わぬ場面で露呈する。1705（宝永2）年、幕府に対して病気を理由に参勤交代の延期を申し出る。不審に思った幕府は監察役を掛川藩に派遣し、調査を行なった。その結果、「失心しており、藩主としての役目を果たせない」と判断される。直朝が本当に心を病んでいたのか、あるいは仮病だったのかは定かではない。

直朝に跡継ぎがいなかったため、本来なら改易を命じられ、御家断絶となるところだが、井伊一門も御家断絶だけは避けたいと考え、彦根藩（現在の滋賀県）4代藩主・井伊《いい》直興《なおおき》の四男で、13歳の直矩《なおのり》を養子として迎えることを幕府に願い出た。幕府も祖先である直政の戦功を考慮してこれを認め、掛川藩の井伊家の所領を3万5000石から2万石へと減封し、与板藩《よいた》（現在の新潟県）に転封した。直朝は36歳で病死するまで与板藩内で過ごしている。なお、掛川藩には飯山藩（現在の長野県）の藩主・松平忠喬《まつだいらただたか》が入った。

◉遊女遊びが過ぎて転封させられた

徳川四天王のひとりで徳川家の家老を務めた酒井忠次。その子孫にも改易や転封の憂き目にあった人物がいる。

忠次の孫にあたる直次《なおつぐ》は1622（元和8）年、1万2000石を与えられ、左沢藩《あてらざわ》（現在の山形県）の藩主となる。1631（寛永8）年、35歳で亡くなると跡継ぎがいなかったため改易され、左沢藩は幕領となり、のちに庄内藩領となった。

1647年（正保4）、忠次のひ孫にあたる忠解《ただとき》は父・忠勝の死去にともなって遺領のうち1万石を分け与えられ、大山藩（現在の山形県）の藩主の座に就いた。しかし1668（寛文8）年、病死した。跡継ぎがいなかったため、大山藩は廃絶となり、幕領になる。

舘林藩（現在の群馬県）初代藩主・榊原康政も徳川四天王のひとりだ。その子孫にあたる政岑《まさみね》は本家の姫路藩主・榊原政祐《さかきばらまさすけ》の養子となり、政祐の死後、1732（享保17）年に榊原宗家を継ぎ、18歳で姫路藩主となった。

政岑はもともと遊び好きで、藩主になって以降も、白昼堂々と奇抜な服装で行列を仕立てて遊郭に通ったという。当時は8代将軍・吉宗の治世で、質素倹約を推奨する「享保の改革」が進められていた。それでも、政岑はおかまいなしに豪遊した。

徳川四天王の子孫の改易・転封

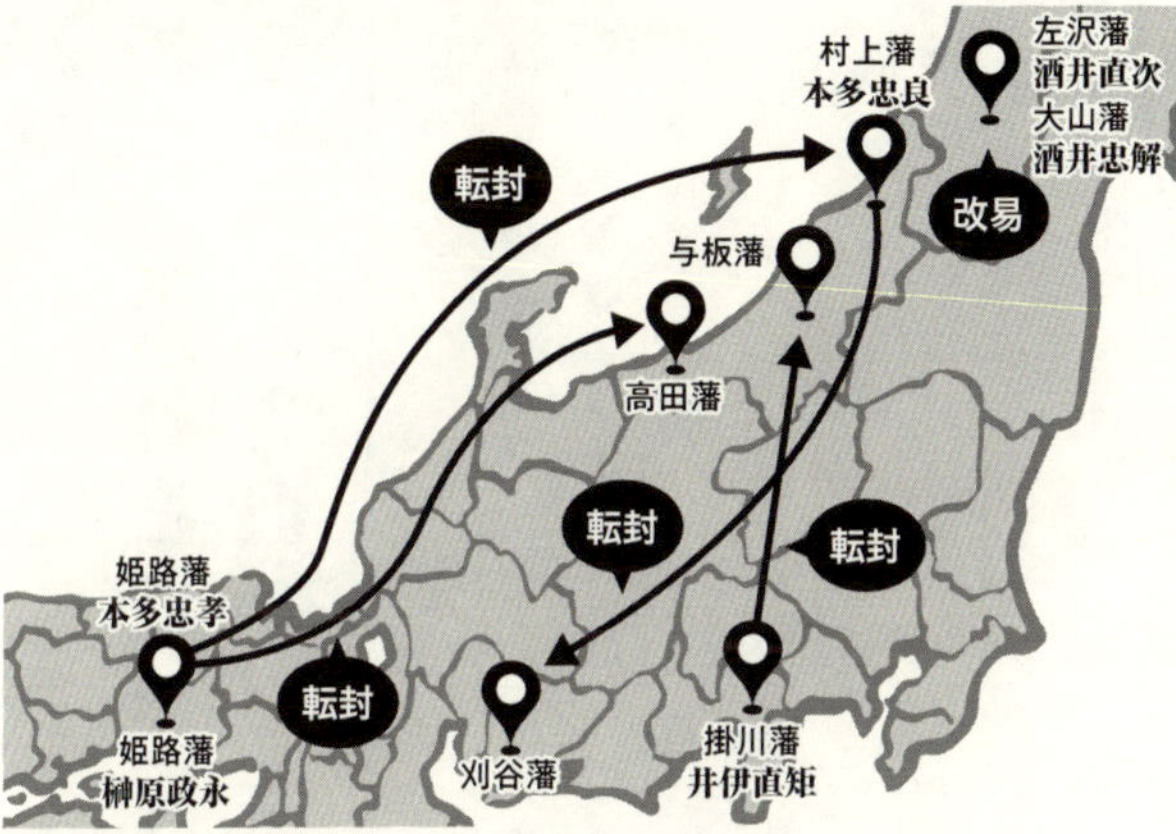

酒井忠次の孫である直次とひ孫の忠解は改易の憂き目にあった。

きわめつけは、吉原の名妓・高尾太夫を2500両（現在の価値で約2億5000万円）で身請けし、屋敷に囲ったことだ。身請けしたさいには豪勢な酒宴を開き、その費用に3000両（約3億円）を使ったという。

ほかにも、政岑は島原の遊女を身請けして側室にしたり、身請けした有馬温泉の湯女を姫路城に連れ帰ったりする放蕩ぶりをみせた。

これらの行為は幕府にも伝わり、ついに吉宗の逆鱗《げきりん》に触れる。1741（寛保元）年、政岑は不行跡を理由に蟄居を命じられた。康政以来の家柄だったため政岑は改易されず、その子・政永が家督を継いだ。

ただし、罰として政永は高田藩（現在の新潟県）に転封を命じられた。蟄居していた政岑も高田藩へ移され、29歳で亡くなった。

発狂

断絶を避けるための養子が発狂して取りつぶされかけた森家

森長成《もりながなり》は1686（貞享3）年、叔父の長武《ながたけ》より家督を継承し、16歳で津山藩（現在の岡山県）の藩主となる。長武は父・忠継《ただつぐ》の実弟にあたり、忠継が早世したため、長成が成長（元服）するまでの中継ぎとして藩主を務めていた。

長武は逼迫《ひっぱく》した藩財政を立て直すため、家臣の知行（所領）の削減や社寺領の没収などを実施した。しかし家臣は収入を減らされ、領民は年貢を増徴されたため、長武の執政を強く非難した。商人への借金の返済が滞っていたともいう。

藩主となった長成は、叔父の代にできた負債を抱えた。さらに、5代将軍・綱吉の発した「生類憐みの令」を受けて江戸郊外に巨大な犬小屋を普請することになり、津山藩が4万両を負担することになった。こうして長成は若くして多くの苦労を背負うことになる。

1697（元禄10）年、疲弊した状態で長成は参勤交代のため江戸へ向かった。無事、

どこで起こった？

江戸に到着したものの急病になる。長成には跡継ぎがいなかったため、不測の事態に備え、長成の祖父の長継《ながつぐ》や重臣たちが知恵を絞り、関家の養子になっていた衆利《あつとし》（長継の第24子）を森姓に戻し、養子として迎えることを幕府に願い出る。幕府はこれを承諾した。

その後、長成は27歳で病死した。そこで、衆利は将軍に家督相続の挨拶をするため、急いで江戸へ向かう。ところが、桑名（現在の三重県）付近で発狂したという。発狂の理由は不明だ。

長継は老中へ家名存続の嘆願書を出した。しかし幕府は桑名藩から詳細な報告を聞き、衆利を乱心と判断。藩主は務まらないとして、家督相続の承認を取り消し、１６９７（元禄10）年、森家は改易され、領地は召し上げられた。

ただし、この時点で長継は88歳とはいえ存命だったので、２万石を領する西江原藩《にしえはら》（現在の岡山県）が与えられ、長継の死後、その第23子・長直《ながなお》が家督を継いだ。長継には側室だけで10人、子どもは20人以上おり、結果として子どもの多さが家名の存続につながったことになる。

なお、衆利は長直に預けられ、１７０５（宝永2）年に西江原で亡くなった。享年33歳。西江原藩はその翌年、長直が赤穂藩へ転封されたことで廃藩となった。長直は赤穂で積極的に塩田開発に取り組んだといわれている。

刃傷沙汰

「松の廊下刃傷事件」のその後、赤穂藩の扱いはどうなった？

赤穂藩（現在の兵庫県）3代藩主・浅野長矩《あさのながのり》は、父で2代藩主・長友が33歳で死去したことにより、9歳で赤穂浅野家の家督を継いだ。のちに内匠頭《たくみのかみ》の官職を与えられたので、浅野内匠頭と呼ばれることが多い。「赤穂事件」を引き起こした張本人として広く知られている。

1701（元禄14）年、長矩は公務が行なわれていた江戸城本丸の大廊下（松の廊下）で、旗本の吉良義央《きらよしひさ》（上野介《こうずけのすけ》）の背後から近づき、「この間の遺恨覚えたるか！」と叫びながら脇差で斬りかかった。上野介は背中と額に傷を負ったものの、致命傷ではなかった。長矩はその場で取り押さえられる。

長矩は幕府の取り調べに対して、上野介への個人的な恨みから斬りつけたと話した。だが、どのような遺恨があったのか、くわしい動機を明らかにしないまま、一関藩《いちのせき》（現在の

どこで起こった？

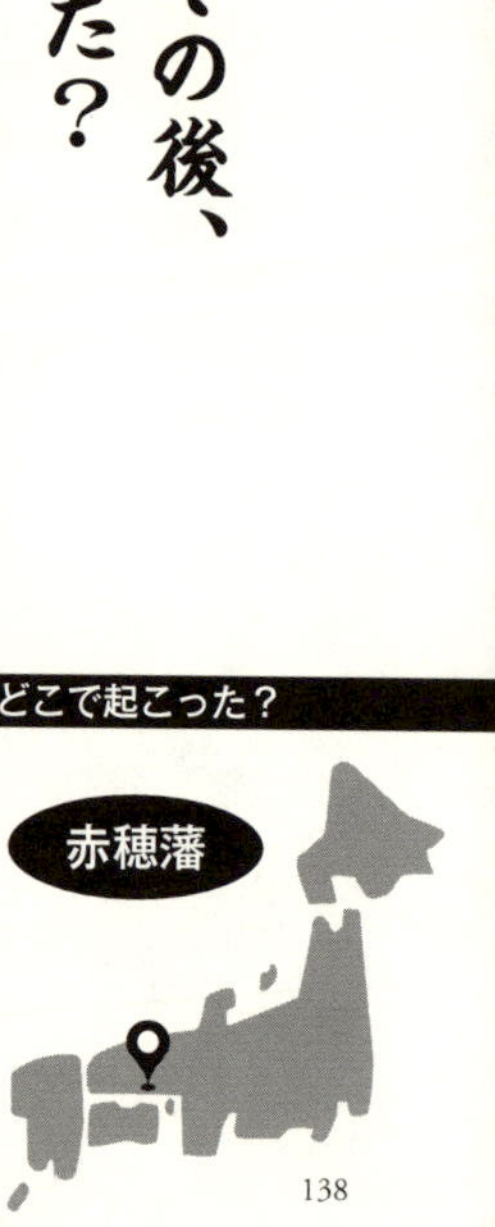

岩手県）の藩主・田村建顕《たむらたけあき》の屋敷へ預けられ、当日の夕方には切腹して果てた。

この前代未聞の江戸城内での刃傷事件により、赤穂藩浅野家は改易となる。長矩に実子がいなかったため、浅野家の嫡流は途絶えることになった。

赤穂事件では、長矩の家族も連座の罪を負った。実弟で3000石の旗本になっていた長広は、広島藩の浅野宗家に預けられることになる。長矩の妻・阿久里《あぐり》は実家の三次《みよし》藩（現在の広島県）浅野家に引き取られ、亡くなるまで夫の菩提を弔《とむら》ったという。

その後、家臣の大石内蔵助《おおいしくらのすけ》以下47人が吉良邸に討ち入り、義央を討ち取ったことで大きな騒動に発展する。討ち入りを実行した赤穂浪士たちは幕府の命令により、預けられた大名屋敷で切腹した。これを題材にした人形浄瑠璃や歌舞伎が『忠臣蔵』だ。

1701年、長矩の改易後の赤穂藩には烏山《からすやま》藩（現在の栃木県）の藩主・永井直敬《ながいなおひろ》が転封された。その後、1706（宝永3）年、森長直が西江原藩（現在の兵庫県）から赤穂藩へ転封され、以降、森家が165年間、藩主を務めた。

なお、長広は1709（宝永6）年、5代将軍・綱吉の死去にともなう大赦を受ける。その翌年には、朝夷《あさい》郡・平《へい》郡（現在の千葉県）に500石の所領を与えられ、また浅野宗家からも300石を支給されたこともあり、旗本として復帰して家名だけは残した。

家中の内紛

仙台藩は改易の危機を迎えていた。伊達家で起こった「伊達騒動」

1658（万治元）年に19歳で仙台藩3代藩主となった伊達綱宗《だてつなむね》は、初代藩主・政宗の孫にあたる。だが、政宗とは似ても似つかぬ若殿だった

綱宗は夜ごと吉原遊郭で散財し、数千両の大金を払って高尾太夫を身請けするなど放蕩三昧。これに手を焼いた叔父で一関《いちのせき》藩主の伊達宗勝《だてむねかつ》は、伊達家の縁戚にあたる大名らと相談し、老中の酒井忠清から綱宗と仙台藩家老を叱責してもらった。それでも、綱宗は耳を貸さなかったため、縁戚の大名たちは綱宗の隠居願いを幕府に願い出る。幕府もこれを認め、1660（万治3）年に綱宗は21歳の若さで隠居の身となる。

家督を継いで藩主となったのは、わずか2歳の長男・綱村《つなむら》だった。すると宗勝が後見人として大きな権力をふりかざすようになり、これに反目する伊達一族の家臣たちと対立する。あげくの果てに刃傷事件に発展した。

どこで起こった？

綱村はまだ若かったため責任を問われなかったが、宗勝は後見人としての責任を問われ、一関藩は改易となった。

成人した綱村は、しだいに側近を藩の重職にすえるようになるなどの悪政により、藩の財政は悪化していった。こうした綱村のやり方に不満を抱く伊達一門と旧臣たちが、連名で幕府に綱村の隠居願いを提出しようと試みたことでふたたび内紛に発展する。

伊達家の御家騒動は5代将軍・綱吉の耳に届き、仙台藩の改易は現実味を帯びていった。そんななか、老中の稲葉正往《まさみち》や縁戚の大名に隠居を勧告されると綱村はこれを承諾し、1703年（元禄16）年、幕府に隠居願いを提出した。

綱村には実子がなかったため、従弟の吉村《よしむら》が家督を継いで5代藩主となり、仙台藩の財政を立て直しに取り組んだ。

伊達家（仙台藩）の家系図

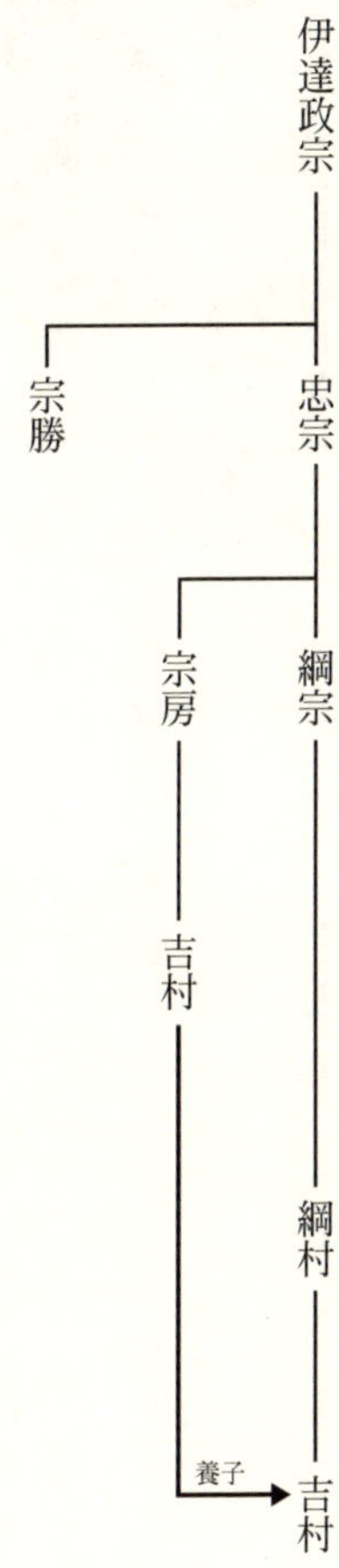

4代藩主となった綱村の時代に御家騒動が起こった。

上野国▼越後国

将軍の生母との関係を疑われて転封された間部詮房

間部《まなべ》詮房《あきふさ》は、猿楽師出身というめずらしい大名だ。6代将軍になる前の徳川家宣の目にとまり、小姓として召し抱えられた。その後、家宣が将軍に就くと側用人《そばようにん》に任じられた。側用人とは、5代将軍・綱吉の時代に創設された、将軍と老中の取り次ぎをする役職だ。老中に次ぐ役職である。

詮房は家宣の後押しにより大出世を果たし、1710（宝永7）年に高崎藩（現在の群馬県）の藩主に抜擢された。そして、朱子学者で旗本の新井白石とともに、「生類憐みの令」の廃止や貨幣の改鋳を推進した。

1712（正徳2）年に家宣が死去すると、その子・家継が4歳で7代将軍の座に就く。家継の生母は家宣の側室・月光院だ。幼い家継は月光院のもとで養育されたため、白石が政策を考案し、詮房がそれを執行する体制が取られた。

どこに移動した？

家継に進行中の政策を説明するために、詮房は男子禁制の大奥へ出入りすることが許された。窓口はもちろん月光院だ。独身の詮房と未亡人の月光院が親しくする様子から、大奥ではふたりの関係を怪しむ声もささやかれた。詮房は家継の父親代わりとなって養育にも努めたことから、家継は詮房の子ではないかという噂が流れたほどである。

やがて幕臣の間に、月光院と親しい詮房や、専制的な白石に不快感を示す派閥が形成されていった。また、家宣の正室・天英院と月光院との大奥における主導権争いも起こる。そんななか、詮房と月光院に不利な事件が起こる。

1714（正徳4）年、月光院の右腕であった大奥年寄の絵島《えじま》が家宣の墓参りに出向いた帰路に歌舞伎役者の芝居を見物したせいで、大奥の門限に遅れたのだ。反詮房派と天英院はこれを大問題として取り上げ、詮房と白石の追い落としに利用した。

絵島は高遠《たかとお》藩（現在の長野県）の藩主・内藤清枚《ないとうきよかず》の預かりとなり、芝居関係者や御用商人も処罰されたという。こうして月光院の権威は失墜し、詮房は幕閣で孤立していった。

2年後、家継が7歳で病死したことで詮房の政治生命は終わる。家宣の遺言により、和歌山藩（現在の和歌山県）の藩主である吉宗が8代将軍の座に就くと、詮房と白石は政治的な基盤を失って失脚。詮房は側用人を解任され、高崎藩からやや遠方の村上藩（現在の新潟県）へ転封された。詮房は1720（享保5）年、54歳で死去している。

刃傷沙汰

思い込みで初対面の大名を斬りつけ、改易となった水野忠恒

水野忠恒《みずのただつね》は1723（享保8）年、跡継ぎのない兄・忠幹《ただもと》の死去にともない、22歳で松本藩（現在の長野県）6代藩主となった。忠恒の祖先をたどれば、徳川二十将のひとり、水野忠重《ただしげ》にいきつく。水野家は譜代の名門であり、松本藩は譜代の名門が藩主となるのが通例だった。

忠恒は本来、性格は温厚で学問にも熱心だったといわれている。しかし、やがて酒におぼれるようになる。毎晩、ほとんど徹夜で飲み続け、目覚めるのは昼というありさま。現在ならアルコール依存症と診断される状況で、政務に携わることはなく、家臣に任せっきりだったという。

1725（享保10）年、忠恒は大垣藩（現在の岐阜県）の藩主・戸田氏長《とだうじなが》の養女を正室に迎え、連日、戸田家の江戸屋敷で盛大な宴席を設けた。忠恒はこの席でも酒をしこたま

どこで起こった？

飲み、藩邸に帰ってからも酒をたらふくあおったといわれている。その夜半から様子がおかしくなったようだ。

その翌日、忠恒は8代将軍・吉宗に婚儀の報告をするために登城し、無事に拝謁を終えた。重臣たちは胸をなで下ろしたが、退出のため松の廊下に差しかかったさい、すれ違った長府藩（現在の山口県）藩主の跡継ぎ、毛利師就《もうりもろなり》にいきなり斬りつけたのだ。

師就は刀の鞘《さや》で応戦し、忠恒はその場で幕臣に取り押さえられた。師就は忠恒とはまったく面識がなく、ののしり合ったこともなかった。師就からすれば、通り魔に襲われたようなものだ。

目付による取り調べで、忠恒は「自分の不行跡が将軍の耳に達すれば、自分の領地が師就に与えられると思い込み、斬りつけた」と話した。だが、それはまったく根拠のない供述で、忠恒は錯乱していたのではないだろうか。

忠恒はその日のうちに川越藩主・秋元喬房《あきもとたかふさ》の藩邸に預けられ、松本藩の水野家は改易が決まる。幕府は、忠恒の叔父にあたる水野忠穀《ただよし》に家名の存続を認め、佐久郡（現在の長野県）7000石が与えられた。

忠恒はその後、切腹を命じられることなく、忠穀の屋敷で蟄居した。忠恒が亡くなったのは事件から15年後、享年39歳で死因は不明だ。

幕政からの失脚

幕政改革を推し進めるも、2度も減封された田沼意次

相良藩《さがら》（現在の静岡県）の藩主・田沼意次《たぬまおきつぐ》は、賄賂と縁戚関係を利用して出世し、10代将軍・家治の治世に権勢を振るった。１７７２（安永元）年に老中になった意次は、５万７０００石に加封され、積極的に幕政改革を進めた。商業を重視し、海外との貿易を推奨したほか、鉱山開発や蝦夷地の開発計画など、幅広い事業を進めようとした。

しかし都市部で拝金主義が広がると、贈収賄が横行するようになる。やがて江戸商人への権益を図りすぎることから、意次が商人から賄賂をもらっているのではないかと噂が広がり、批判の声が大きくなっていった。じつは賄賂は事実で、利権や出世を欲する者は意次のもとを訪れ、金品を差し出していたのだ。

ところが、１７８４（天明４）年に若年寄だった長男の意知《おきとも》が、江戸城内で旗本に斬られて命を落とす。これを契機に意次の権力には陰りが生じ、２年後に家治が危篤となった

どこで起こった？

とき、幕閣からは意次への批判の声が強まる。家治が死去すると、老中職を辞任するよう追い込まれて失脚した。

　家治の死後、14歳の家斉が11代将軍となってからは、さらにひどい仕打ちを受ける。蟄居を命じられたのをはじめ、相良城を取り壊され、2度にわたって減封された。この減封にあたって立藩された下村藩（現在の福島県）へ田沼家は転封となり、意次の孫にあたる意明《おきあき》が跡継ぎとして下村藩の初代藩主となる。

　そして意次は、1788（天明8）年、失意のうちに江戸で病死した。

　それから30数年経った1823（文政6）年、下村藩5代藩主・意正《おきまさ》は、いまだ将軍位にあった家斉の意向によって相良藩へと復帰を果たしている。

田沼家の転封

下村藩に移って５代目の意正の代に、田沼家は相良藩への復帰を果たしている。

肥前国▼遠江国

「出世藩」に移るも、幕政改革に失敗し転封を命じられた水野忠邦

浜松藩主の水野忠邦《みずのただくに》は、幕閣にあっては老中として「天保の改革」を主導したことで知られている。唐津藩主・水野忠光の次男として生まれた忠邦は、兄が夭折《ようせつ》したことから跡継ぎとなり、1811（文化9）年に父の隠居にともなって、19歳で唐津藩主となる。

忠邦は幕閣となって幕政改革に携わりたいと考えるようになり、幕閣に多額の賄賂を渡して、1811（文化9）年に幕閣への登竜門である幕府奏者番《そうじゃばん》（大名や旗本が将軍に謁見するとき、姓名や進物を披露し、将軍からの賜りものを伝達する取次ぎ役）を拝命する。

忠邦はさらにそれ以上の役職を望んだものの、長崎警護の重責を担う唐津藩は幕閣人事から除外されることを知った。だからこそ、ふたたび幕閣に賄賂を配って働きかけ、唐津藩から浜松藩への転封を実現させたのだ。その後、寺社奉行、大坂城代、京都所司代を歴任したあと、1839（天保10）年、老中首座の地位を手に入れた。

どこに移動した？

唐津藩➡浜松藩

1841（天保12）年、11代将軍・家斉が他界したのを機に、旧勢力を追放して人事を刷新。重農主義を基調とした天保の改革に着手する。年貢米の増産を目的に江戸の農民出身者を強制的に帰郷させる「人返し令」を発したり、倹約令を施行して寄席《よせ》や歌舞伎を弾圧したほか、物価高騰を抑える目的で株仲間の解散も命じた。その一方で、質の悪い貨幣を鋳造し、幕府財政の不足を補う政策を実施した。

しかし、庶民は倹約令に反発。株仲間の解散は流通の混乱を引き起こし、景気は低迷する。改鋳も物価高騰を招く。1843（天保14）年には、大名や旗本の領地を没収して幕府直轄とする「上知令《あげちれい》」を断行しようとして、大名や旗本、12代将軍・家慶《いえよし》からも猛反対された。忠邦は老中を解任され、失脚する。その直後、忠邦の江戸屋敷は数千人の庶民がつめかけ、暴動になったといわれている。

だが翌年、家慶は外国船の来航に対処できる適任者が忠邦以外にいないとして、忠邦を老中に再任した。とはいえ、忠邦は病気でたびたび欠勤するなど、かつての面影はなくなっていた。その後、改革時の部下の不正が発覚し、1845（弘化2）年に強制隠居のうえ謹慎が命じられる。家督を継いだ長男の忠精《ただきよ》は、罰として山形藩に転封を命じられた。謹慎により行動の自由を奪われていた忠邦は山形に同行できず、1851（嘉永4）年、56歳で生涯を閉じた。その5日後、忠邦の謹慎が解かれたという。

実権が鍋島家に移り、主君は自害

佐賀藩（現在の佐賀県）の成立後、主君の龍造寺《りゅうぞうじ》家から家臣の鍋島家に藩主の座が移り、その後、龍造寺家の末裔が自害した顛末《てんまつ》が「鍋島騒動」だ。

領主の龍造寺隆信《たかのぶ》が島津家との戦いに敗れた後、豊臣秀吉の九州征伐に隆信の家臣・鍋島直茂《なおしげ》が大きく貢献。隆信の死後に家督を継いだ政家は病弱のため、秀吉の公認のもと、1590（天正18）年にその子・高房《たかふさ》が５歳で家督を相続し、後見人となった直茂の力が増大する。朝鮮出兵や関ヶ原の戦いを経て、直茂がさらに高く評価されて実権が強まった。

高房は幕府に実権回復を働きかけたが、幕府も家臣団も直茂を支持したことで絶望し、1607（慶長12）年に妻を殺害して自害をはかって高房は死去。その１カ月後に政家も死去して、佐賀藩主の座は龍造寺家から、直茂の子・勝茂に移った。

ちなみに、化け猫騒動とは鍋島騒動を龍造寺家の立場から描いた怪談物のフィクションだ。

PART4

意外に多かった！
幕末～明治の改易・転封

明治政府による改易

最後の改易は幕府でなく、新政府に命じられていた！

日本で最後の改易は1868（明治元）年、請西藩（現在の千葉県）に対して行なわれた（166ページ）。処分の内容は領地没収・取りつぶしのうえ、藩主の林忠崇《はやしただたか》は東京の唐津藩邸で幽閉だ。

忠崇にそのような処分が下されたのは、旧幕府軍の遊撃隊に加わったことが、新政府軍に対する反逆とみなされたからだ。藩主みずから「藩や領民に迷惑をかけられない」と脱藩するとは前代未聞だが、脱藩についてはとがめられなかった。

新政府から改易処分を受けたのは請西藩だけ。忠崇以外の22家（藩）も減封などの処分を受けているが、理由は戊辰戦争で新政府軍と戦ったからだ。1868（慶応4）年にはじまった戊辰戦争で、新政府軍と敵対したのは、旧幕府軍や奥羽越列藩同盟《おううえつれっぱんどうめい》（朝敵とみなされた会津藩・庄内藩を守る同盟。東北・越後の31藩が加わった。会津藩と庄内藩は同盟に参加せず）や、旧幕府の体制を支持する佐幕派の残党などだった。

鳥羽・伏見の戦いから五稜郭《ごりょうかく》の戦いに至る一連の内戦は1年4カ月にわたり、最終的には装備にまさる新政府軍が勝利したために、忠崇らは処分を受ける立場となった。戦後、新政府は東北諸藩の領地を接収して、政府の直轄地とした。

新政府は1869（明治2）年6月、300近い大名家が土地（版）と人民（籍）のすべてを朝廷に返上し、それを新政府が管理する「版籍奉還《はんせきほうかん》」を実施した。これは、政府が全国の支配権を強めて藩主を藩知事として任命するもので、今までとさほど変わらない特権が維持され、藩主の抵抗感は少なかった。

1871（明治4）年7月には、さらにふみこんだ「廃藩置県」が実施された。藩の代わりに府県が設置され、政府が派遣する知事によって税収と統治の安定化・効率化をはかることが目的だ。当初は3府302県を置いていたが、同年末までに3府72県に統廃合された。

その後も県名の変更や統合が行なわれ、1900（明治33）年までに現在とほぼ変わらない府県名と領域が確定している。

駿河・遠江・三河▼上総・安房

明治維新後、徳川宗家の都合で房総半島に移された静岡の藩主たち

江戸幕府最後の将軍・徳川慶喜は、江戸城開城のさいに家督を、御三卿のひとつ、田安家7代当主・家達《いえさと》に譲った。徳川宗家16代目の家達は、1868（明治元）年、わずか6歳で駿河・遠江（現在の静岡県）、三河（現在の愛知県）の3カ国70万石に転封となり、翌年に府中藩（現在の静岡県）に入った。

江戸から退去を迫られる者、給与がなくても徳川家とともに移住を希望する者が相次ぎ、旧幕臣約6500人とその家族、従者も静岡を目指した。1871（明治4）年の段階で県内にいた旧幕臣の総数は1万3000人以上とされるので、静岡への大移動は数万人規模となる。役職にあぶれた者たちは、職を求めてさらに新天地に散っていき、残ったなかには茶畑の開墾に尽力する者もいた。

一方、家達らが静岡へ入ったあおりで、駿河・遠江・三河にいた大名は、こぞって房総

静岡の藩主たちの房総半島への引っ越し

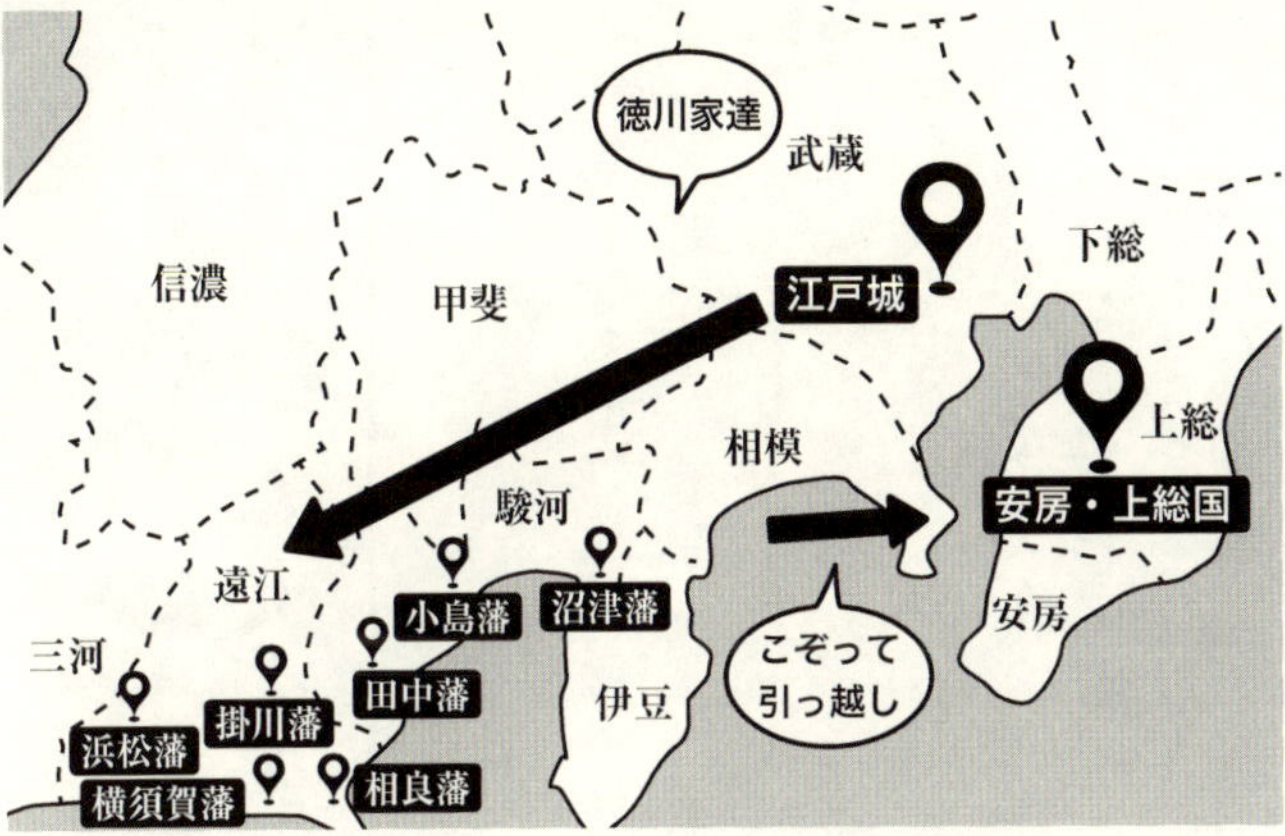

家達が静岡に入ってきたために、７藩が転封を余儀なくされた。

の上総・安房（現在の千葉県）に移された。その、すべて譜代の藩だった。

それでも新政府が房総を選んだのは、旧幕府の直轄領などが多く、そのまま新政府が直轄地として引き継いだため、集団移転には都合がよかったからだ。こうして房総は一時、殿さまがひしめく状態となる。

上総には菊間藩（駿河国沼津藩）、小久保藩（遠江国相良藩）、鶴舞《つるまい》藩（遠江国浜松藩）、金ケ崎《かねがさき》藩（駿河国小島《おじま》藩・のち桜井藩）、柴山藩（遠江国掛川藩・のち松尾藩）、安房国には長尾藩（駿河国田中藩）、花房藩（遠江国横須賀藩）の計7藩が静岡から移ったのである。

これらの新しい藩も、１８７１（明治４）年の廃藩置県により消滅した。

寝返り

デマを信じ、危うく取りつぶされるところだった大久保忠礼

　小田原藩（現在の神奈川県）11万3000石の藩主・大久保《おおくぼ》忠礼《ただのり》は、幕末にとんでもないことをしでかした。戊辰戦争の緒戦である鳥羽・伏見の戦いで旧幕府軍が東海道を敗走すると、新政府軍に従い、領内の箱根の関所でみずから警固の指揮をとった。しかし、請西藩を脱藩した林忠崇と遊撃隊の一行である旧幕府軍が放った「上野の戦争で彰義隊が勝ち、徳川の軍勢3000と東北諸大名の連合軍が進軍している」という誤報にまどわされ、箱根の関所を旧幕府軍に明け渡してしまったのである。

　小田原藩の背信を知って新政府軍は激怒し、討伐軍を派遣するとともに罪に問おうとする。江戸にいた小田原藩の重臣がこの動きを知って急ぎ戻り、忠礼らの説得にあたった。事実を知らされた忠礼は新政府軍に寝返り、遊撃隊を何とか追い払った。

　この失態により忠礼は1868（明治元）年9月に蟄居となり、家督を6歳の養子・忠《ただ》

どこで起こった？

良《よし》（荻野山中藩主・教義《のりよし》の長男）に譲らざるを得なくなる。

さらに、旧幕府を支持した佐幕派重臣の処分、家老の切腹といった多大な犠牲をはらって11万3000石から7万5000石に減封されたが、家名の存続は許された。忠良は藩知事に就任するものの、結局は廃藩で職を追われ、その後、家督を返上。忠礼がふたたび大久保家の当主になった。ちなみに忠良は1877（明治10）年の西南戦争で戦死している。

小田原は、伊勢宗瑞《いせそうずい》（北条早雲）を始祖とする後北条氏の拠点として発展したが、1590（天正18）年の小田原征伐で後北条氏が滅亡すると、徳川家康の関東への転封とともに譜代の大久保忠世《おおくぼただよ》が小田原城主となる。のちに藩主の大久保忠隣が幕府に謀反を疑われ、1614（慶長19）年に改易された。その後は阿部家や稲葉家が藩主となるものの、大久保家が小田原藩主に返り咲いている。

忠礼は幕末の水戸藩主・徳川斉昭《とくがわなりあき》の兄の子で、徳川慶喜の従兄弟にあたる。小田原藩は幕府に信任されており、忠礼自身も徳川家と近い間柄でもあった。とはいえ、藩のゆく末を考えると佐幕派になりきれず、新政府についた。だからこそ誤報で佐幕派になびいてしまったのだろう。新政府軍と旧幕府軍のはざまで変節する小田原藩に対し、遊撃隊の伊庭《いば》八郎《はちろう》は「12万石の立派な藩にひとりの男児もいないのか」と言い放ったという。

陸奥国▼陸奥国

会津藩は国替えのさい、あえて極寒の地「斗南」を選んだ？

戊辰戦争のなかでも会津戦争は、敗れた会津藩（現在の福島県）にとって、白虎隊の集団自決など数々の悲劇を生むことになった。藩主の松平容保《まつだいらかたもり》は禁固刑に処され、１８６９（明治2）年に生まれた容保の長男・容大《かたはる》が家督を継ぐことは許されたものの、会津23万石から立藩された斗南《となみ》藩（現在の青森県）３万石への減封という処分が下った。挙藩流刑《きょはんるけい》ともいわれた厳しい処分だった。

本州最北端の僻地に移るのをあきらめて会津に残る者も多かったが、移住者は約１万７０００人以上、約４０００戸にのぼったという記録がある。移住は１８７０（明治３）年4～10月にかけて海路と陸路で行なわれた。

生活は過酷で、障子は骨組みだけで、米俵を縄で骨組みに縛りつけて障子の代用としたが、室内は風が入りこみ氷点下10度から20度の寒さで布団もろくになく、わらにもぐって

どこに移動した？

寝るありさまだった。食べ物は山でとったわらびの根を水にさらしてでんぷんを取りだして団子にした。拾った昆布は保存食にし、たまに大豆などの薄いかゆに混ぜて食べたという。土地はやせて開墾しても作物が育たず、新政府から支給米はあったものの質が悪く、餓えと寒さで老人や幼児など死者も続出。苦しさに耐えかねて土地を去る者も多く出た。

そもそも、会津から実質の石高が7000石という未開の地へ追いやられたのは、新政府から新天地として猪苗代が斗南を選ぶよう打診があり、会津藩みずから斗南を選んだという説がある。その理由は、会津の課税が厳しく、戦場として焼け野原になったことから旧領の猪苗代では領民から嫌われているために一揆《いっき》を警戒した、新天地の斗南の開拓に期待を寄せた、新政府に従う姿勢を見せるためといったものだ。

しかし、新政府側の長州出身の木戸孝允《きどたかよし》は、会津憎しの思いから、森林ばかりでヒグマが出るような原野の蝦夷地（現在の北海道）へ追放しようとしたのを、その開拓を担っていた薩摩出身の黒田清隆《くろだきよたか》が反対した。木戸は会津の人々の報復・反乱を恐れて遠隔地へ移住させようとして、斗南に決まったというのが真相のようだ。近年の研究では、猪苗代か斗南を選ぶ選択肢などなかったとされる。

1871（明治4）年の廃藩置県により斗南藩は消滅。大多数は会津に帰郷したり、各地に散っていったが、残った者は教師や役人などの職に就いている。

新政府軍に反抗

7万両もの賠償金を払って、転封をまぬがれた安藤信勇

磐城《いわき》平藩《だいら》（現在の福島県）7代藩主・安藤信勇《あんどうのぶたけ》には、新政府から磐井郡《いわい》（現在の岩手県）3万4000石への転封の沙汰があったが、1869（明治2）年8月3日、7万両もの献金でそれをひっくり返し、旧領を維持することに成功した。

もともとこの地は岩城氏が治めていたが、関ケ原の戦いに参戦しなかったことを徳川家康にとがめられて所領を没収され、鳥居《とりい》忠敬《ただたか》が加増転封されてきた。その後、内藤家や井上家を経て、1756（宝暦6）年に加納藩（現在の岐阜県）の安藤信成《あんどうのぶなり》が5万石で入る。1847（弘化4）年に家督を継いだ5代藩主・信正は、出世を重ね、1860（万延元）年には老中に就任する。

しかしその直後に、大老の井伊《いい》直弼《なおすけ》が「桜田門外の変」で殺害され、信正自身も、1862（文久2）年の「坂下門外の変」で尊王攘夷派の水戸浪士に襲われて負傷。命は助かっ

どこで起こった？

たが、背中を斬られたことが武士にあるまじき不手際とされて、老中をしりぞき隠居・謹慎することとなり、このときに所領も2万石けずられている。

信正の代わりに子どもの信民《のぶたみ》が新藩主となるも、1863（文久3）年に死去したため、信正は甥の信勇を養子に迎えて藩主にすえた。1868（慶応4）年、戊辰戦争が起こる。まだ若い信勇に代わって信正が藩政を取りしきることになった。信正は江戸幕府の重臣であったことから、奥羽越列藩同盟に加わり、新政府軍と戦う。1度は新政府軍を退けたものの、最後は城に火を放ったのちに降伏。信正は謹慎した。

一方の信勇は、実家が勤王派だったので、磐城平藩が戦っている間、上京して新政府に従う姿勢を見せたが、藩の敗北後に新政府から減封を言い渡されることになった。

この処分に対して、信勇は取り消しを求めて走り回ることになる。庄内藩（162ページ）の70万両の献金を見習ったとされ、7万両と引き換えに安藤家は磐城平藩に復帰することが新政府に認められた。信勇は1870（明治3）年に藩知事となり、その後は教職に就き、1908（明治41）年に死去。信正は1869（明治2）年9月に謹慎を解かれ、その2年後に死去した。

減封を撤回させたのは信勇の働きがあればこそだが、結局は廃藩置県となり、藩は消滅した。

新政府への反抗

新政府にたてつくも、献金と口添えで旧領への復帰がかなった庄内藩

庄内藩（現在の山形県）は幕末に江戸市中の警備を任されていた。薩摩藩（現在の鹿児島県）が放火や略奪などの破壊活動を行なって幕府を挑発したため、幕府の命令を受けて江戸の薩摩藩邸を焼き討ちにした。そして幕府は薩摩討伐を表明し、戊辰戦争が勃発する。戦争は新政府軍が有利に進むなか、幕府きっての譜代・庄内藩は、会津藩とともに新政府による追討のターゲットとなる。そんな新政府に対して、庄内と会津の両藩は従う姿勢を見せたが、新政府は許さなかったことから、１８６８（慶応４）年5月、奥羽越の諸藩は軍事同盟を結成した。

新政府軍との戦いでは、藩内の豪商・本間家の資金提供によるスペンサー銃をはじめ最新で豊富な武器弾薬などの近代的な装備、動員した兵の約半数が農民や町民からなる民兵にもかかわらず、決死の戦闘をくり広げた。

どこで起こった？

現在も残る薩摩と庄内の交流

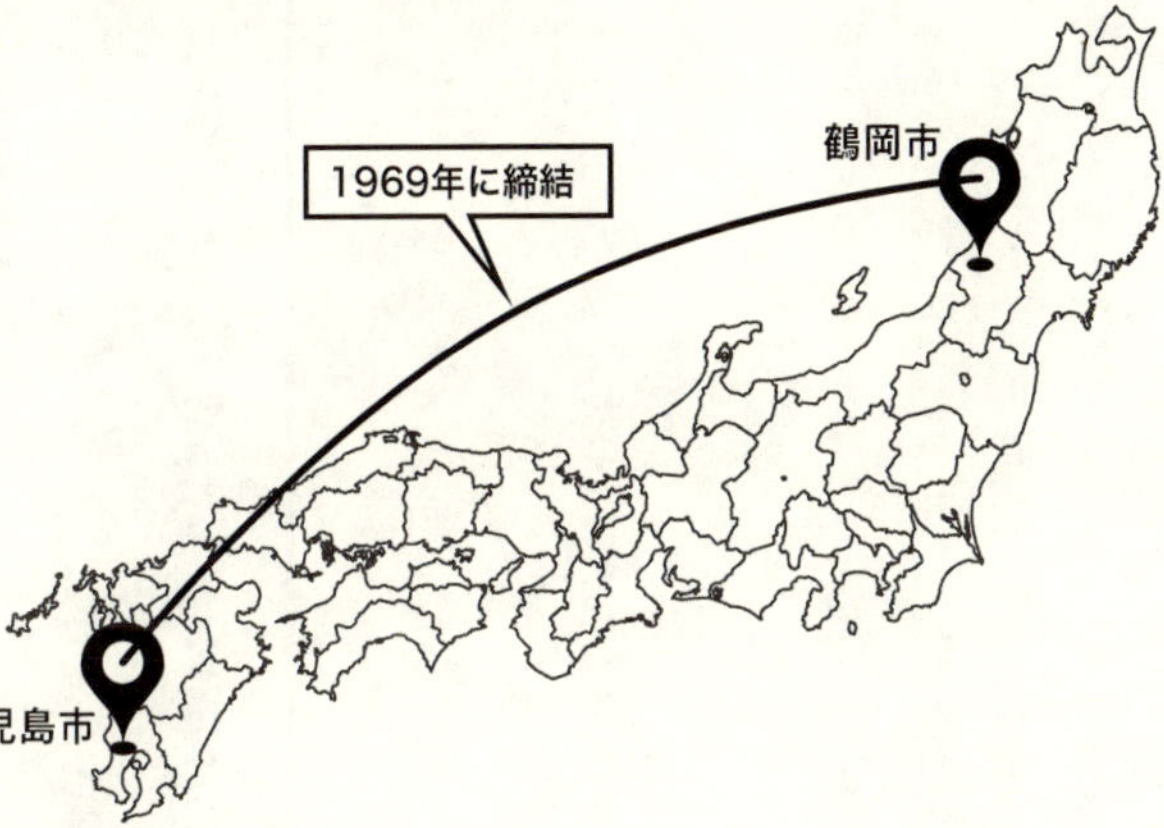

鹿児島市と鶴岡市は、兄弟都市として交流が続いている。

さらに「鬼玄蕃《げんば》」とおそれられた藩家老の息子・酒井玄蕃の戦いぶりは、秋田方面の戦いを指揮して連戦連勝に導いたことに、敵とはいえ西郷が感心し、戦後に寛大な処分を口添えすることになる。

会津藩が降伏すると、庄内藩主・酒井忠篤《さかいただずみ》は降伏した。1868（明治元）年、忠篤に代わって弟の忠宝《ただみち》が藩主を継ぐも、14万石から12万石への減封のうえ、会津藩への転封を命じられる。さらに翌年、磐城平藩への転封を命じられたが、70万両を新政府に献金することで転封は取りやめのうえ、庄内藩への復帰を果たした。なお、実際には30万両の支払いで済み、残額は免除されている。

庄内藩では西郷の温情に感謝する者が多く、薩摩とは親しく交わるようになる。

倒幕の嫌疑

倒幕運動への関与を疑われるも、修復事業で信頼回復させた宇都宮藩

幕末から明治へと時代が移り変わる数年の間に、宇都宮藩ではさまざまなことが起こった。1862（文久2）年に発生した坂下門外の変においては、藩お抱えの儒学者である大橋訥庵《おおはしとつあん》が関与して襲撃犯のひとりに宇都宮藩士がいたために、窮地に立たされることになった。

そこで、家老の戸田忠至《とだただゆき》が藩の重臣・県勇記《あがたゆうき》にはかり、歴代天皇陵（天皇のお墓）の修復事業を提案する。藩主の戸田忠恕《とだただゆき》が了承し、幕府に建白書を提出した。これが幕府に認められ、忠至は朝廷から山陵奉行に任じられて修復事業を開始した。

この幕府への忠誠と朝廷への献身を示す窮余の一策で、宇都宮藩は面目を保った。

しかしその後、水戸藩士の攘夷思想急進派による「天狗党の乱」が起こる。天狗党に協力を求められた宇都宮藩は同調しなかったが、脱藩した旧宇都宮藩士10人が天狗党に参加

どこで起こった？

してしまう。また、宇都宮藩は幕府から天狗党を鎮圧する命令を受けたものの失敗したことで、7万8000石から5万石に減封された。忠恕に対しては謹慎・蟄居が命じられたため、分家筋の戸田忠友《とだただとも》を忠恕の養子として新たな藩主にすえた。

さらに棚倉藩（現在の福島県）への転封が言い渡されたが、修復事業を指揮した忠至が朝廷に働きかけて、忠恕の謹慎が解けて転封も中止させることができた。その後まもなく、減封も中止となっている。

1866（慶応2）年、天皇陵修復を完遂させた功績をもって、忠至は忠友から領地を分与され、高徳藩《たかとく》1万石が立藩した。この高徳藩が、江戸幕府が最後に認めた藩となった。

北関東の軍事・交通の要衝である譜代の宇都宮藩は佐幕派と見なされた一方で、坂下門外の変や天狗党の乱への関与などで幕府に危険視されていた。

にもかかわらず、維新後の忠友は鳥羽・伏見の戦いで敗れた徳川慶喜の助命嘆願に動いている。そして、新政府から警戒されながらも新政府軍につき、宇都宮城は、土方歳三《ひじかたとしぞう》ら旧幕府軍の激しい攻撃を受けて落城した。

1868（慶応4）年、忠恕は22歳で病死。最後の藩主となった忠友と、忠恕・忠至の子も華族に列せられている。

反逆

最後に改易された藩主は、昭和の時代まで生きていた!?

どこで起こった？

請西藩（現在の千葉県）は1825（文政8）年、幕末の房総で1万石で立藩された。1867（慶応3）年、林忠崇が20歳そこそこで3代藩主になるも、4カ月後には大政奉還が行なわれ1868（慶応4）年には戊辰戦争が起こる。

緒戦の鳥羽・伏見の戦いで新政府軍が勝つと、旧幕府軍の遊撃隊などから相次いで協力を求められた忠崇は、なんと藩に脱藩届けを提出して、藩士70名と遊撃隊への参加してしまう。この行動の背景には、林家が家康の祖先の代から徳川家に仕え、幕府や徳川家から別格の扱いを受けるなど、強固な主従関係が続いていたからであろう。

忠崇は遊撃隊とともに連戦するが、徳川家の存続と15代将軍・徳川慶喜の助命を知り、1868（明治元）年10月に仙台で投降した。新政府は忠崇の脱藩を反逆とみなして請西藩を所領没収・改易とし、忠崇を幽閉する。新政府軍と戦った藩で取りつぶされたのは請

脱藩から投降までの忠崇の足取り

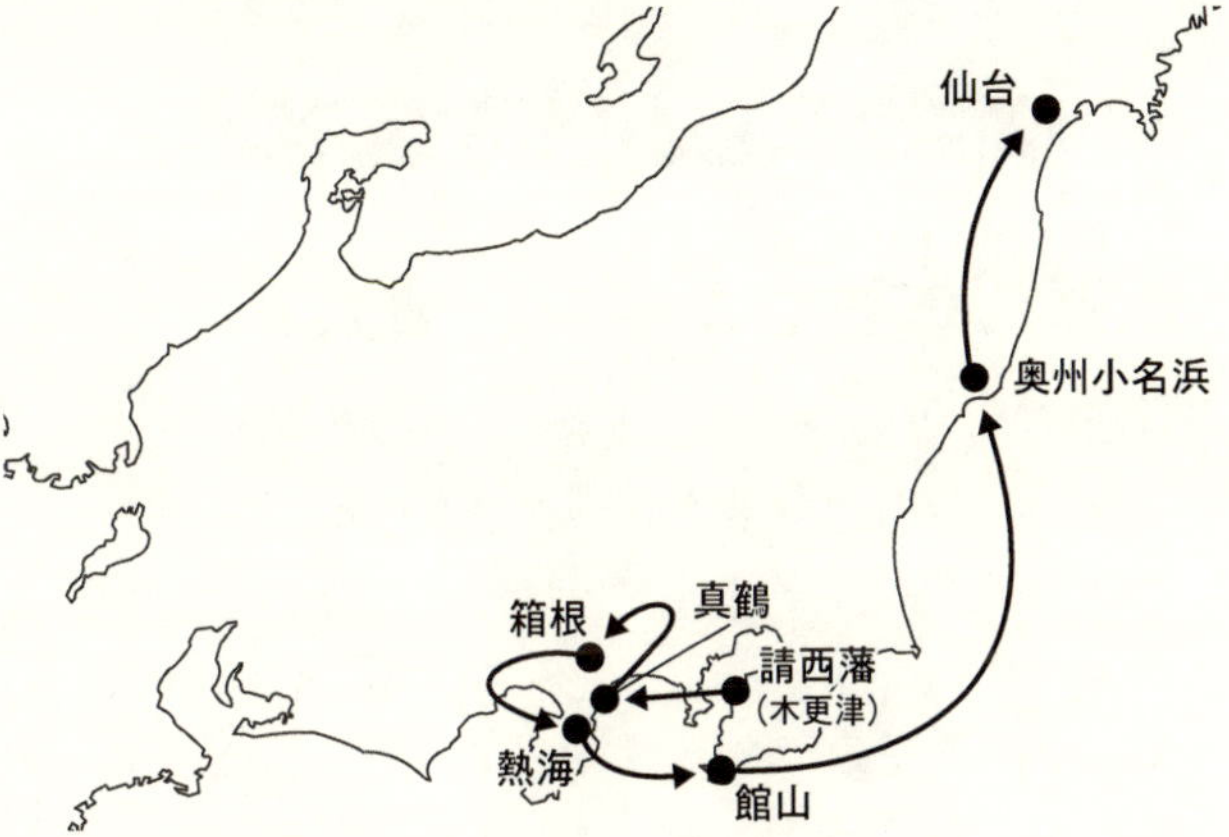

関東南部の各地を転戦したあと、東北でようやく投降に応じた。

西藩だけだった。

忠崇は1972（昭和47）年1月に釈放されて旧領に戻った。その後、農民、東京府の役人、函館で商家の番頭、神奈川で寺の住み込みなど各地を転々とした。そして、かつての家臣の働きがけで華族となったのちは、東宮の職員や日光東照宮の神職にもなっている。

晩年は、次女のミツとともに暮らし、1941（昭和16）年に、94年の生涯をまっとうした。忠崇より生きた大名はいないため、忠崇は「最後の大名」と呼ばれている。

忠崇は幼いころから文武にすぐれ、幕府の上層部からは「将来は老中」と期待された逸材だった。あと数十年早く生まれていれば、期待どおりに幕府の中枢で活躍していたかもしれない。

改革に失敗した藩主が幽閉される

江戸時代中期の1751（宝暦元）年、岡崎藩（現在の愛知県）の藩主・水野忠辰《ただとき》が藩政改革に失敗し、忠任《ただとう》に家督を譲った事件が「水野騒動」だ。

老中首座を務めた水野忠邦が子孫にいることからもわかるとおり、水野家には幕府の要職に就く者が多かった。藩政はおろそかになり、自然災害もあいまって藩の財政は逼迫していたため、忠辰は質素倹約にはげみ、藩の財政再建に成功。続けて藩政改革にも取り組むも、保守派の家老らに妨害されて失敗に終わった。

失意に沈んだ忠辰は自暴自棄となり遊びほうけて、ついには家臣らによって強制的に座敷牢に押し込められて隠居させられたうえ、忠辰の娘の夫で、養子にあたる忠任《ただとう》に家督を譲らざるを得なくなった。

忠辰は座敷牢に入れられたまま、29歳の若さでに死去した。忠任は約10年後、唐津藩（現在の佐賀県）に転封となっている。

PART5

自業自得すぎる……。
残念な改易・転封

幕領の民の殺害

盗人を倒した家臣の引き渡しを拒否！怒りのままに藩を放棄した天野康景

長く徳川家康に仕えた忠臣でありながら、立藩して数年で改易となった人物がいる。興《こう》国寺《こくじ》藩（現在の静岡県）の藩主・天野《あまの》康景《やすかげ》だ。康景は家康の幼少期から仕え、苦楽を共にした間柄だった。関ケ原の戦い後には富士・駿東《すんとう》2郡のうち1万石を賜って興国寺藩主となり、家康から1字もらって「景能《かげよし》」から「康景」に改名している。ところが1607（慶長12）年、康景は突如として藩を出奔し、改易となってしまう。

徳川家の歴史書『徳川実紀《とくがわじっき》』によると、ことの顛末はこうだ。康景が居宅造営のために保管していた竹木が夜な夜な盗まれる事件が起こった。足軽を見張りに置いて盗人を発見するも、大勢で来た盗人たちを制止できず、足軽は刀を抜いて斬りつけて追い払った。

のちに盗人は幕領である富士郡原田の村人と判明する。足軽に斬りつけられた盗人が代官に「康景の家臣と口論して斬られた」と訴えたのだ。幕領に住む村人は将軍の民である。

どこで起こった？

代官は「将軍の民に傷をつけた足軽を差し出すように」と使いを出した。

しかし康景は、「幕領の民だからといって盗みを働いた者を許せるわけがない。私が命じて番をさせた足軽を差し出すことなどできない」と拒否してしまう。

これがついには家康の知るところとなった。だが、家康は康景の人となりをよく知っていた。「三河三奉行」のひとりである康景は「仏高力《ほとけこうりき》（高力清長《きよなが》）、鬼作左《おにさくざ》（本多重次《ほんたしげつぐ》）、どちへんなしの天野三兵」といわれるとおり、思慮深く公正な人物だった。家康は「康景は道理に外れたことをする人間ではない。民のほうが偽ったのでは」と考え、腹臣の本多正純に調査を命じる。

計算高い正純は、家康の意図に反する行動に出た。幕府の権威を守るため、足軽を下手人として差し出せと康景を諫《いさ》めたのだ。曲がったことが嫌いな康景は怒りが爆発。すべてを放棄して息子の康宗《やすむね》を連れ、行方をくらませた。その結果、改易となったのである。

その後、康景は小田原の西念寺で過ごし、1613（慶長18）年に死去する。康宗はのちにゆるされ、1000石の旗本として天野家は存続した。

さて、康景の主張はもっともだが、幕領の百姓の殺傷を禁ずる幕府のルールに反していた。盗人であっても斬りつけるべきではなく、奉行所で取り調べるべきだったのだ。正純のせいとはいえ、改易に処されたのは、怒りに任せて出奔した康景の自業自得であった。

乱暴狼藉

酒乱コンビ・稲葉通重と津田信成は女性に乱暴狼藉を働いて改易に

織田信長と稲葉一鉄《いなばいってつ》――天下統一まであと一歩だった信長はいわずもがな、一鉄も「美濃三人衆」の一角を担った名将である。それほどの武将たちの一族でありながら、江戸幕府が開かれて間もなく、バカな真似をして改易になった大名たちがいる。信長の一族で御《み》牧《まき》藩（現在の京都府）の藩主・津田信成《つだのぶなり》と、一鉄の孫で清水藩（現在の岐阜県）の藩主・稲葉通重《みちしげ》である。

1607（慶長12）年、この2名は旗本の天野雄光《あまのかつみつ》らとともに京都祇園で酒に酔い、豪商の後藤庄三郎《ごとうしょうざぶろう》や茶屋四郎次郎《ちゃやしろうじろう》らの婦女7、8人を無理やり茶屋に引き込んで、強引に酒を飲ませた。そのうえ、庄三郎の従者を木に縛りつけ、斬り捨ててしまったのだ。

結果、婦女集団暴行などの乱暴狼藉でふたりとも改易処分となった。

関ケ原の戦い後の戦後処理では転封となる大名が多かったなか、通重は東軍に寝返った

どこで起こった？

ことで、それまでの自領を安堵されて藩主となっていた。

稲葉家は一鉄の祖父の代から美濃の土豪で、通重の父・重通《しげみち》は一鉄の長子とはいえ、正室の子ではない庶子であったが、家督を継ぎ、父祖伝来の地である美濃の領地を安堵されたことはうれしかったはずだ。

同じく信成も秀吉に仕えて以来、御牧を所領とし、徳川の世でも本領安堵されていた。乱暴狼藉を働けばどうなるか、ちょっと考えればわかりそうなものを、どれほど酒に酔っていたのだろうか。愚かな行動によってそれまで築き上げてきたものが、一瞬で水泡に帰してしまったわけである。

改易後の通重は、筑波（現在の茨城県）に流罪となり、清水藩は廃藩となった。嫡男・通勝は一族の稲葉正勝《いなばまさかつ》の家臣として生きたという。通重は流罪になって数年で亡くなったが、信成のほうは84歳まで長生きした。改易後40年近く、悔やんでも悔やみきれない余生であっただろう。

ところで、通重の父はあの春日局《かすがのつぼね》の養父であった。この事件が家光の将軍就任後の、春日局が将軍の御局《おつぼね》として力をもったころに起こっていたならば、コネで何とかなっていたのだろうか。

参勤交代での過失

鷹狩りに夢中になった別所吉治は仮病で参勤交代をサボって改易に

遊んでいたいから仕事を休む——こんなふざけた動機で参勤交代を怠り、綾部藩（現在の京都府）2万石の大名・別所吉治《べっしょよしはる》は、1628（寛永5）年に改易となった。

「病気だから参勤できない」と報告しておきながら、その実、領地で鷹狩り三昧の日々を送っていたのである。1日2日ならまだ許されるかもしれないが、長期にわたって遊興にふけり参勤を怠ったというのだから、処分を受けるのも仕方のないことであろう。

鷹を使って獲物を捕らえる鷹狩りは、5世紀前半の仁徳《にんとく》天皇の時代に行なわれたのが最初とされている。もともとは貴族の遊戯であったが、中世になると武家社会でも人気を博した。家康も単なる遊戯としてだけでなく、健康維持のために鷹狩りを好んだという。

ところでこの吉治、関ケ原の戦いでは西軍に属していたのに本領を安堵されている。伯母が秀忠の乳母だったためだといわれる。同じ理由で、改易後に子の守治は赦免され、子

どこで起こった？

孫は700石の旗本として、武士の身分のまま存続した。

吉治のように鷹狩りに夢中になり過ぎて改易されるのはめずらしいが、参勤を怠る、または遅刻したことで隠居や蟄居などに処される例はいくつかある。参勤交代は届け出なく怠ると処罰、予定より到着が遅れただけでも処罰の対象となった。しかし、吉治の件はそれとは少し状況が異なる。

参勤交代が「武家諸法度」の改定で正式に制度化されるのは、1635（寛永12）年のこと。ここから1年おきの参勤が義務づけられることとなった。

だが、吉治が処分されたのはそれより7年も前である。もともと参勤交代という制度はあったものの、それは徳川家の歓心を買うためにこぞって参勤していただけで、義務ではなかった。武家諸法度が発布された1615（元和元）年の時点で、第9条として「諸大名参覲作法之事」と規定されているが、ルールが細分化されるのは改訂後である。

参勤交代は藩の財政を苦しめる。大名たちも、本音では参勤交代などしたくないだろう。それなのに、借金をしてでも江戸へ参勤するのは、処分されるのが恐ろしいからだ。

制度化前の吉治の改易は、「嘘をついて来なければこうなる」と、いい見せしめになったことであろう。大名たちは「何が何でも参勤せねば」と肝に銘じたに違いない。

職務不正

密貿易がバレて切腹、御家断絶となった竹中重義

豊臣秀吉の軍師だったが、竹中半兵衛の一族・竹中重義《しげよし》は有能な奉行ではなかった。

府内藩（現在の大分県）の藩主・重義は、祖父とされる重光が半兵衛（重治《しげはる》）の叔父にあたるという。だが、そんなエリート一族は、とある出来事によって滅んでしまう。

重義は1629（寛永6）年、長崎奉行に任命されるが、1633（寛永10）年に不正が露見して罷免された。そして翌年、改易のうえ、嫡男の源三郎とともに浅草海善寺で切腹させられた。子も連座したので世嗣絶家、つまり竹中家は断絶してしまった。

処分の理由は「抜け荷」、要するに密貿易がバレたのである。

当時の長崎は中国・オランダとの貿易の唯一の窓口であった。それだけに、密貿易の取り締まり、外敵の侵入に対する防衛、宣教師・キリシタンの取り締まり、さらに西国諸藩の監視など、長崎奉行は責任重大な役職であった。

どこで起こった？

重義は厳しいキリシタン弾圧で知られ、「踏み絵」を使ったキリシタンのあぶり出しをはじめて行なったという。しかも密貿易が発覚する以前から、不正が多いと町役人に訴えられていた。

中国の船に私的な課税をした、豪商の美人の妻妾《さいしょう》を奪った、将軍宛ての品物を横領したなど、枚挙に暇がない。悪行の数々を見ると、「越後屋、お主も悪よのう」という典型的な悪代官のような人物を彷彿《ほうふつ》とさせるが、単純に重義ひとりの罪ともいえない。

そもそも長崎奉行は3000石ほどの旗本が務めるのが通例であり、2万石の大名の重義が選ばれたのは異例のことであった。推挙したのは老中の土井利勝《どいとしかつ》だ。この推挙には、重義を利用する意図があったとも考えられる。

抜け荷で得た財産は、幕閣を操るための資金となったのではないか。重義自身は不正を働く黒幕ではなく、利勝に命じられて動いていた可能性も十分ある。そうして長崎の町役人に不正がバレると、利勝が重義にすべての罪をなすりつけて保身を図ったのではないか。不正の実行犯は、重義に妻妾《さいしょう》を奪われた豪商・平野屋三郎右衛門《ひらのやさぶろうえもん》だという説もある。

スキャンダルまみれの悪人か、はたまた上司に利用された哀れな男か——どちらにせよ、重義が半兵衛くらい頭のキレる人物ならば、こんな結末にはなっていなかっただろう。

家臣との確執

大喧嘩して家老を斬殺した加藤明成、言葉のあやで40万石を失う

「長者に二代なし」――金持ちの2代目は苦労知らずで、家を存続させる能力がない。これは武士にも当てはまる。会津藩主・加藤明成《かとうあきなり》は、家老との大喧嘩の末に改易された。

明成の父は、秀吉の近習で「賤ヶ岳の七本槍」のひとりとして知られる加藤嘉明《よしあき》である。嘉明は戦以外にも築城の才があった。名城と謳われる松山城は嘉明が心血を注いで築いたものだ。その才も見込まれて、伊予松山20万石から会津40万石へ加増転封となった。

しかし、子には父ほどの才はなかった。金に執着する明成は、厳しく年貢を取り立てた。しかもただ金を集めるのではなく、一歩金《いちぶきん》（1両の4分の1）を好み、金はすべて一歩金に替えるという執着ぶりで、人々は「加藤一歩殿」と揶揄《やゆ》したという。

先代から後見を任された家老・堀主水《ほりもんど》は明成をたびたび諫めた。だが、明成は父をもち出して小言をいう主水を煙たがる。代替わり後の若殿と老家老の、よくある構図だ。

どこで起こった？

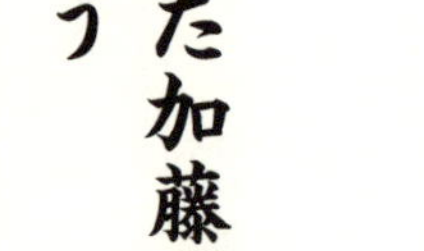

明成は、嘉明が主水に与えていた金の采配を取り上げるなどし、閉門および登城禁止とした。それでも食い下がる主水がこれを破って登城し諫言すると、罷免した。

主水はついに匙を投げ、明成が参勤でいない隙に一族郎党300余名を連れて出奔する。その途中、鉄砲隊に命じて会津城に発砲。さらに橋を焼き払って去り、高野山に籠った。

報せを聞いた明成は激怒して悔しがり、「40万石に代えても主水を引き渡してほしい」と幕府に要求。幕府は明成にも非はあると思いつつ、主君に礼を欠いた主水を引き渡した。憎き主水を連れ戻した明成は狂喜し、数日にわたって主水とその兄弟ふたりを拷問にかけるという所業におよんだ。縄で縛ったまま輿にのせて宙づりにし、眠る間も与えず揺り動かした。主水らは一睡もできず衰弱し、最後は主水が斬首、兄弟らは切腹となった。

明成は仕返しをして気が晴れただろうが、これで済むわけがない。「40万石に代えても」といった言葉を、幕府は忘れていなかったのだ。幕府が言質をとって返納を迫ったため、明成はとうとう「病のため藩を維持できない」と願い出て改易された。

子の明友は吉永（現在の島根県）1万石を与えらた。明成は吉永で余生を送り、70歳まで長生きしている。その後、明友は水口藩（現在の滋賀県）2万石に転封された。

明成と打って変わり、明友やその子孫は善政を敷いて明成の汚名をそそぐことに努めた。だが、水口への転封前に没した明成は、子孫の苦労を知る由もないのであった。

発狂

ただ寒ブリが食べたかっただけ！ 追いつめられて自害した稲葉紀通

寒ブリは脂がのっておいしい。これを所望したことがきっかけで鉄砲で自害した大名がいた。いったいどうすれば、ふたつの出来事がつながるのか……。

１６２４（寛永元）年に転封によって福知山藩（現在の京都府）の藩主となった稲葉《いなば》紀《のり》通《みち》は、あるとき好物の寒ブリが食べたくなった。福知山城は内陸に位置するため手に入れるのは難しい。だが、隣の宮津藩ならば海に面しており、寒ブリの漁場もある。そこで紀通は、宮津藩主の京極高広《きょうごくたかひろ》に「寒ブリを１００尾送ってほしい」と頼んだ。

さて、頼みを聞いた高広の反応が問題だった。幕閣への賄賂にでもする気だろうと考えたのだ。じつはこの紀通、父の義妹が春日局である。それをいいことに城の補修などをやりたい放題で、世間では「謀反をくわだてているのでは」という噂もあった。そういうわけで勘繰った高広は、進物にできないよう寒ブリの頭をすべて落として送りつける。

どこで起こった？

福知山藩と宮津藩

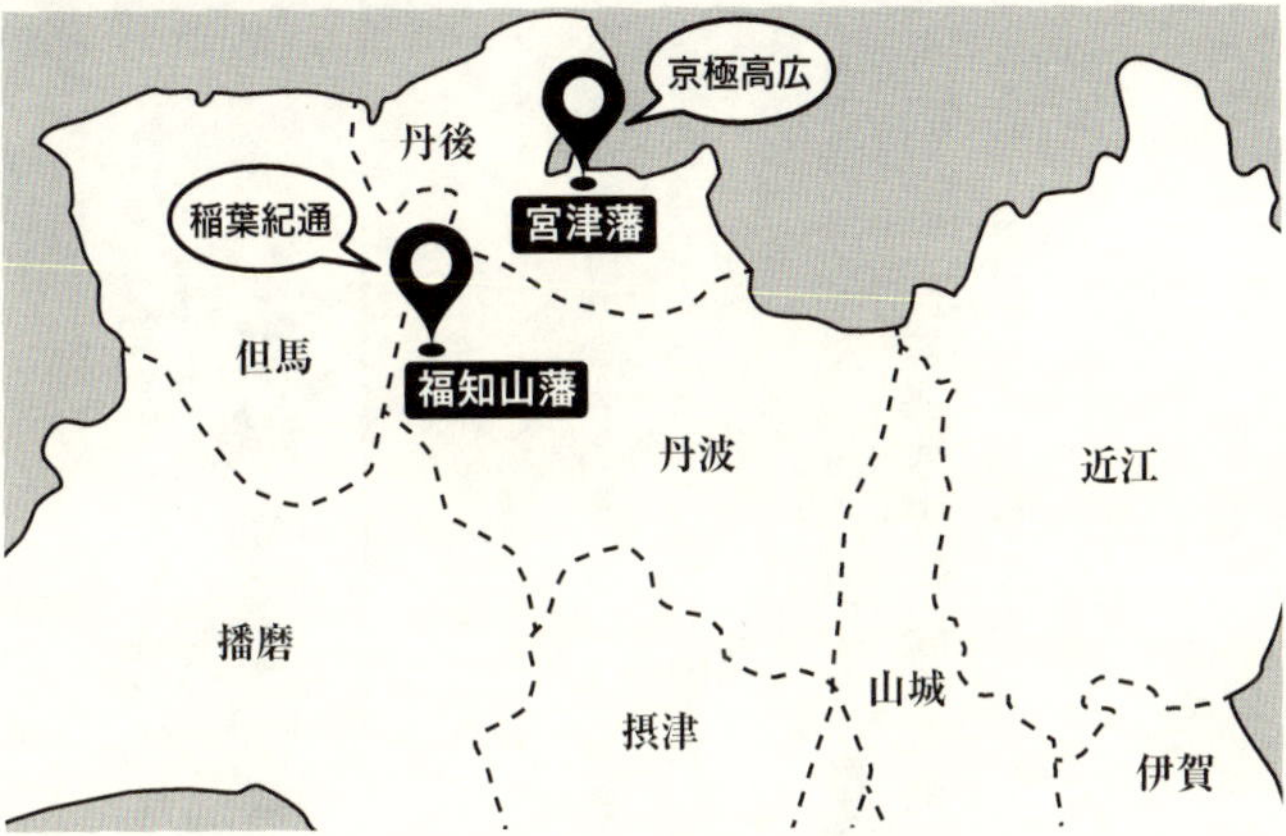

隣の藩だから仲がよいとは限らず、しかも頼んだ相手が悪かった。

待望の寒ブリを受け取ったものの、頭のない寒ブリを見た紀通は激怒し、「京極の者が福知山城下を通ったら首をはねろ！」と部下に命じる。

関係ない人々が殺されたことを問題視した諸藩はこれを幕府に報告し、自衛のために国境に兵を配備した。紀通は事情を説明するために幕府の使者と会うべきったが、所領を狙われると勘違いした。

乱心した紀通は鉄砲を持ち出し、なんと自分の腹を撃ち抜いて自害した。謀反や賄賂などの考えは毛頭なく、ただ純粋に寒ブリが食べたかっただけだったが、もう後の祭り。

その後、謀反の疑いは晴れて紀通の子どもは許されたが、4歳で没したため、稲葉家は断絶した。

無断帰国

「この12万石で旗本を救って……!」過度の忠誠心で乱心扱いの堀田正信

どこで起こった?

大名にとって所領は、家族の次に大切といってもよいだろう。だが、みずから所領を差し出した酔狂な大名もいた。佐倉藩（現在の千葉県）の藩主・堀田《ほった》正信《まさのぶ》である。

1660（万治3）年10月8日、正信は幕政を批判する書（諫書）を提出した。「幕閣による悪政で旗本の多くは困窮している。私の所領12万石を差し出すので、それを分配して旗本を救ってほしい」という訴えであった。提出後、正信はひとりで馬に乗って帰国する。参勤交代の期間中に無断で帰国するのは法令違反であったため、正信は改易された。

だれでもわかる違反を実行したということは、「どうぞ、所領を没収してください」ということであろうか。幕府は正信の行動を狂気の沙汰と判断したのだ。経緯はどうあれ、正信の望み通りの結果となった。

理解に苦しむ行動に出たことは、正信の出自に起因するといえる。正信の父・正盛《まさもり》は家光の小姓として寵愛され老中にまでなった男で、母方の祖父は大老である。エリート一家に生まれたためか、自分も同様に幕閣に取り立てられるという妙な自信があったのだ。

正信は能力をアピールするため、家臣団を拡大して武備の増強に力を入れたが、これらは武断から文治の世となった時代では古臭い施政であった。お呼びがかかるはずもない。それにも気づかず、老中・松平信綱《まつだいらのぶつな》が出世を妨害していると敵視する。正信の父ら側近が家光に殉死したのに、同じ側近のくせに殉死しなかった信綱を嫌っていたのだ。だが、戦国の世で美徳とされた殉死もまた古臭い考えで、1663（寛文3）年には禁止される。

忠誠心のアピールと信綱への逆恨みで諫書を提出したが、ただ空回りしただけである。その後、弟の脇坂安政《わきさかやすまさ》に預けられた正信は、功臣・正盛の子として異例の優遇措置がとられ、割と不自由なく暮らした。子の正休《まさやす》は米1万俵を与えられ、家名も存続している。しかし、正信はまた将軍への忠誠心からくる不可解な行動で周囲を困らせる。勝手に抜け出して京都の清水寺、石清水八幡宮に詣で、4代将軍・家綱の継嗣誕生を祈願したのだ。

今度は徳島藩に預けられ、罪人として厳しく監視された。1680（延宝8）年、家綱の死を知った正信は、爪を切るといって所望した鋏《はさみ》を使って自害した。殉死である。本人は最期まで将軍への忠誠心を貫いたが、徳島藩主・蜂須賀家は監視が不十分であったとして4カ月も謹慎することになった。正信は死してなお、迷惑をかけたのである。

勤怠不良

参勤交代に遅刻して改易！
遅刻・サボり癖で身を滅ぼした一柳直興

　職務怠慢で不まじめな者は意外と多いもので、仮病で改易された大名もいれば、遅刻で改易された大名もいた。

　西条《さいじょう》藩（現在の愛媛県）主・一柳直興《ひとつやなぎなおおき》は、多数の遅刻や失政など、目に余る所為によって改易されている。

　古代からの伊予の有力豪族・越智氏河野の庶流である一柳家は、もともと美濃（現在の岐阜県）の土岐《とき》家に仕えていた。直興の祖父である直盛《なおもり》は、父祖伝来の地である伊予の西条藩6万8000石を賜ったが、就任の途中で死去する。

　遺領となった地はその子らによって分割され、直興の父・直重《なおしげ》は3万石を受け継いだ。直興が継いだとき、これもまた弟の直照に5000石分与したので、3代目にして2万5000石の藩主となっていた。


どこで起こった？

1645（正保2）年に父の遺領を継いでからというもの、直興は一応どうにかこうにか藩を運営していたようだ。しかし、もともとサボり癖があったのか、たび重なる遅刻・不行跡、つまり品行不良が目立ちはじめた。

まず1661（寛文元）年、女院《にょういん》御所造営の助役《すけやく》（補佐）を任されていた直興は、竣工時に京都にいることを命じられていたにもかかわらず、竣工後に遅れてやってきた。それはすでに天皇が禁裏《きんり》に入った後であったうえに、病気を理由に宮中に参内すらしなかった。

さらに、あるときは病気で予定していた参勤交代に遅刻し、その旨を記した届け出の提出も遅れた。老中に病状の報告もしなかったという。

問題は遅刻だけではない。どうやら藩内でも失政があり、おまけに好色で不作法だという噂も立っていた。ひとつもよいところがない大名である。

改易後、直興は加賀藩の前田綱紀《まえだつなのり》にお預けの身となり、金沢の地で1702（元禄15）年、79歳で没した。正室との間には女子しかおらず、またその正室とは離縁したために跡継ぎはいなかった。

なお、直照の子孫は5000石の旗本として存続した。一柳家じたいは同じ伊予西条の小松藩および小野藩（現在の兵庫県）主として、廃藩置県まで家をつないでいる。

無嗣断絶

あの那須与一と同名の子孫、先祖のおかげで改易されても復活!?

どこで起こった？

那須与一《なすのよいち》といえば、波に揺れる小舟に立てた扇の的を見事射貫き、敵味方の両方から称賛されたという『平家物語』に登場するエピソードで有名な、源氏方の弓の名手である。この英雄の一族は、鎌倉時代からの名門として近世まで存続していた。注目すべきは、「与一」の名が継承され、那須家当主の多くが名乗っていたことである。

そもそも「与一」という名前にはどんな意味があるのか。これは正式な名ではなく日常的に呼ばれる通称であり、元祖・那須与一は資隆《すけたか》（または資高・宗隆とも）といった。通称は、太郎、次郎など、生まれた順で名づけられることが多く、与一という名も同じ法則だ。「与一」とは十にひとつ余るという意味で、つまり十一男を意味する。当然、那須家当主の通称は嫡男の「太郎」であり、戦国時代まで「太郎」が当主の通称として継承されていたが、豊臣の世になって法則が変わる。22代当主・資景《すけかげ》の通称は「与一」であった。

この突然の「与一復活」とでもいうべき出来事は、豊臣政権による権力介入によるものだったらしい。歴史的に名の知れた武名をあえて名乗らせ、那須家が代々本拠としてきた下野周辺の関東や奥州の押さえの役割を担わせようという意図があったのかもしれない。

ところで、近世に入ってから那須家は3度改易されているが、そのたびに御家再興を果たしている。何度も改易されながら復活するのはめずらしく、運がいい。

最初は、資景の父・資晴《すけはる》が秀吉の小田原征伐への参陣を拒否して改易となり、資景の代に再興した。2度目の改易は資景の嫡男・資重が34歳で没し、無嗣断絶したことによる。だが、幕府は名家が断絶することを惜しみ、資景に再興を命じた。3度目は25代にあたる資徳《すけのり》の代に起こった御家騒動による。津軽家から養子に入った資徳は養父・資弥《すけみつ》の没後に烏山藩《からすやまはん》（現在の栃木県）の藩主となったが、養父には実子があったため、不法養子で改易となった。のちに赦され、1000石を与えられて子孫は旗本として存続することになっている。

那須家の御家再興には、少なからず「那須与一」の名が関わっているのではなかろうか。秀吉が「与一」を名乗らせて利用したように、幕府が那須家の断絶を惜しんだのも、名家たる那須家の下野での権威はまだまだ使えると思ったからではないか。何度も改易にあいながら御家が存続したのは、ご先祖「那須与一」の名のおかげともいえるかもしれない。

遠江国▼陸奥国

農家の人妻に手を出して、出世コースから外れた井上正甫

浜松藩（現在の静岡県）の藩主になると出世するという話がある。実際に、浜松藩主からは大老や老中などの要職に就いた大名が多いので、根も葉もない噂ではなさそうだ。

3代藩主・井上正甫《いのうえまさもと》もその例にもれず、28歳の若さで幕府の典礼を司る奏者番《そうしゃばん》となった。しかし、情けない事件を起こして出世コースから外れ、左遷される。

1816（文化13）年のこと。42歳の正甫は同僚の高遠藩主・内藤頼以《ないとうよりもち》に誘われ、江戸にある頼以の下屋敷で鷹狩を楽しんだが、敷地は6万坪と広く、正甫は迷ってしまう。

家臣ともはぐれてひとりでさまよっていたところ、1軒の農家が目に入った。疲れてのども乾いていたため水を所望すると、なかなか美人な農家の妻が出てきた。

すぐお礼を言って帰ればいいものを、正甫は玄関口で世間話などをはじめる。農家の夫は留守で、妻はひとりで仕事をしていたらしい。と、ここで事件は起こる。武家の女たち

どこに移動した？

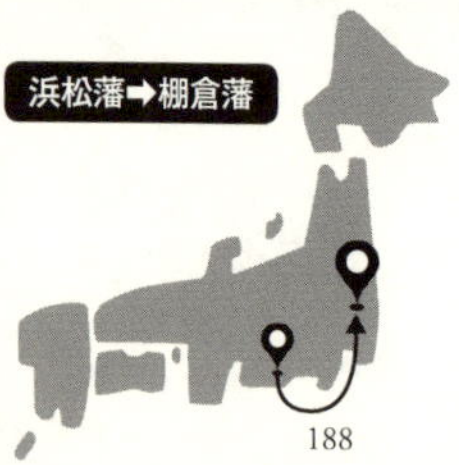

とは違う魅力を感じたのか、にわかに欲情した正甫はこの妻を押し倒してしまったのだ。

そこを戻ってきた夫に目撃されたものだから、大騒ぎである。妻を守ろうと殴りかかる夫の腕を正甫はとっさに斬り落とした。我に返った正甫は、駆けつけた家臣らとともに口止めとして金を支払い、夫婦の言動を見張るために浜松城下に屋敷まで与えた。

しかし、人の口に戸は立てられぬもの。すぐに噂は広まり、人妻に手を出した情夫として「密夫大名」という不名誉なあだ名をつけられる始末。江戸城登城のさいには、他藩の大名やその中間たちに「よっ、密夫大名」などと言われてからかわれた。

こう噂になってしまうと幕府も対処するしかない。事件の翌年、正甫は奏者番を罷免され、出仕が禁じられる差控《さしひかえ》処分に。さらに浜松から棚倉藩（現在の福島県）へ転封となった。左遷されたことに意気消沈したのか、正甫自身は病を理由に1度も棚倉に足を踏み入れることなく、84歳で死ぬまで江戸で暮らした。

ところで、この左遷の背景には水野忠邦《みずのただくに》の謀略があったという説もある。のちに老中となる忠邦は、江戸から遠い唐津藩（現在の佐賀県）にあり、江戸から近い浜松を狙っていたという。この件で空いた浜松をまんまと手に入れ、幕閣入りを果たした。

しかし、忠邦は天保の改革で失脚。浜松には井上家が戻り、正甫の子・正春《まさはる》は父と同じ奏者番、さらには老中にまで出世したのだった。

■参考文献

『幕藩体制史の研究』藤野保（吉川弘文館）
『国史大辞典』国史大辞典編集委員会編（吉川弘文館）
『江戸大名のお引っ越し』白峰旬（新人物往来社）
『大名廃絶録』南篠範夫（文藝春秋）
『御家断絶―改易大名の末路』（新人物往来社）
『江戸三〇〇年 あの大名たちの顛末』中江克己（青春出版社）
『改易と御家再興【増補改訂版】』岡崎寛徳（同成社）
『歴史ハンドブック 幕末・維新全藩事典』（人文社）
『江戸三百藩全史』（スタンダーズ）
『まるごとわかる 江戸三百藩』（英和出版社）
『江戸300年の舞台裏』歴史の謎研究会編（青春出版社）
『江戸大名お家滅亡』歴史REAL編集部（洋泉社）
『殿、ご乱心でござる』中山良昭（洋泉社）
『ふるさとの藩』前田勤（朝日出版社）

『江戸三〇〇藩　最後の藩主』八幡和郎（光文社）
『江戸300藩の意外な「その後」』日本博学倶楽部（PHP研究所）
『上杉景勝のすべて』花ヶ前盛明編（新人物往来社）
『毛利輝元』光成準治（ミネルヴァ書房）
『地図で読み解く戦国合戦の真実』小和田哲男監修（小学館）
『江戸大名100話』小和田哲男監修（立風書房）
『関ヶ原 家康と勝ち組の武将たち』加来耕三（立風書房）
『関ヶ原銘々伝』小松島六合（SBクリエイティブ）
『知れば知るほど面白い！「その後」の関ケ原』二木謙一監修（実業之日本社）
『壬申の乱と関ヶ原の戦い』本郷和人（祥伝社）
『「その後」のお殿様』山本博文監修（実業之日本社）
『徳川家康と関ヶ原の戦い』本多隆成（吉川弘文館）
『幕末維新の真実 教科書にはない消された歴史』（廣済堂出版）
『近代開拓村と神社—旧会津藩士及び屯田兵の帰属意識の変遷』遠藤由紀子（御茶の水書房）

監修者

山本博文（やまもと ひろふみ）
歴史学者（日本近世史）。1957年岡山県生まれ。東京大学文学部国史学科卒業。同大学院人文科学研究科修士課程修了。文学博士。東京大学史料編纂所教授。『参勤交代』（講談社）、『「忠臣蔵」の決算書』（新潮社）など著書多数。監修書も『「その後」のお殿様』『超速!! 倹約!? 大名行列のオモテとウラ『参勤交代』の不思議と謎』（実業之日本社）など数多く手掛ける。

※本書は書き下ろしオリジナルです。

じっぴコンパクト新書　369

大名《だいみょう》の「お引《ひ》っ越《こ》し」は一大事《いちだいじ》!?
江戸《えど》300藩《ばん》「改易《かいえき》・転封《てんぽう》」の不思議《ふしぎ》と謎《なぞ》

2019年9月10日　初版第1刷発行

監修者……………山本博文
編著者……………造事務所
発行者……………岩野裕一
発行所……………株式会社実業之日本社
〒107-0062　東京都港区南青山5-4-30
CoSTUME NATIONAL Aoyama Complex 2F
電話(編集)03-6809-0452
(販売)03-6809-0495
http://www.j-n.co.jp/
印刷・製本…………大日本印刷株式会社

ISBN978-4-408-33887-3(第一趣味)